广东省佛山市禅城区“三名”工程成果

U0812297

著

地域文化与中学语文教学

DIYU WENHUA
YU ZHONGXUE YUWEN JIAOXUE

语文出版社
·北京·

图书在版编目（C I P）数据

地域文化与中学语文教学 / 胡兴桥著. -- 北京 : 语文出版社, 2015.5
ISBN 978-7-5187-0116-2

Ⅰ. ①地… Ⅱ. ①胡… Ⅲ. ①中学语文课－教学研究 Ⅳ. ①G633.302

中国版本图书馆CIP数据核字(2015)第092566号

责任编辑　邵燕鸿
装帧设计　梁　明
出　　版　语文出版社
地　　址　北京市东城区朝阳门内南小街51号　100010
电子信箱　ywcbsywp@163.com
排　　版　语文出版社照排室
印刷装订　北京市兆成印刷有限责任公司
发　　行　语文出版社　新华书店经销
规　　格　787mm×1092mm
开　　本　1/16
印　　张　11.75
字　　数　204千字
版　　次　2015年7月第1版
印　　次　2015年7月第1次印刷
印　　数　1-2,000
定　　价　22.00元

010-65253954(咨询) 010-65251033(购书) 010-65250075(印装质量)

序一

愿语文教学在地域文化的沐浴中更个性与厚重

广东省教育厅教育研究院　王土荣

胡兴桥老师的文化读本我以前浏览过，接到他请求作序的函件时，我犹豫了很久，一是我与胡老师交往不深，难以知人论书，不能挖掘书中的深刻内涵，为读者奉献一道精神的美餐，白白浪费优质的教学资源。二是我一直遵循孔子的"知之为知之，不知为不知"的训导，对自己不懂的东西不装懂；我从来不敢给自己不是非常了解的内容写序。多年来，希望我写序的，我基本上都婉言拒绝，幸运的是都得到了有关领导和教师的谅解。三是我不是名人，不能为教师的劳动成果带来名人效应；另外，我自己在省教育厅教研院语文科的岗位上，也不能像某些人代言自己不了解的产品那样，给全省的教师推荐虚假的精神产品。

后来，一位师长提醒我，发现和推介我省语文学科的教育教学研究成果，也是我的基本职责，况且，自己在中学做语文教师时，也曾经得到过许多教研员的关心与指导。这种提醒，使我对该书产生了一种责任感，一种欣赏教师劳作的感情油然而生。加上胡老师又自告奋勇地参与了我主持的一项省教育厅的重大课题，奉献的成果就与该书有密切的关系，所以，我没有像拒绝广州从化等地科研办及深圳市一些老师要求为他们的成果作序一样拒绝胡兴桥老师的要求，决定为此书写序。

为了写序，我放下自己的著述，认真学习了该书的内容，我觉得读者也许和我一样，可以从中观摩、学习和思考如下一些有价值的东西：

一、本书最重要的启发是可以把教师和学生的生活资源、成长历程开发为语文教育教学的资源。作者用自己的探索，注释了《九年义务教育语文课程标准》的课程理念："各地区都蕴藏着自然、社会、人文等多种语文课程资源。要有强烈的资源意识，去努力开发，积极利用。"

二、对“地域文化与中学语文教学”，作者通过自身的研究与探索，对其内在的联系进行了必要的、有益的揭示。在第二章中，作者从意义、具体操作、目标设定、注意的问题等多个维度进行了阐释，给我们呈现了较为完整的理论框架，为我们更好地接触地域文化、如何将地域文化延伸到中学语文教学，指明了方向。

三、在本书中，作者通过自身的教学实践，给读者呈现了丰富的文化教学课堂。比如，《秦腔》《布衣总统孙中山》《走近经济》《关注身边的文化》《文化时评——走进广州》等具有文化特色的教学样本，都有很强的操作性，方法简易可行有效，具有较强的应用价值和推广价值。

四、在本书中，作者结合地域文化，很好地体现了语文教学的特色。比如在《认识自我》等例中，作者将自己对地域文化与教学的观察、实践、感悟，自然地表述出来，真实，亲切。告诉人们，能够感悟地域文化的阅读和写作，自己的语文教学就与众不同，就自然形成了自己的特色。

五、本书给了我们激活语文课堂的一种新尝试。只要将学生、学校的地域文化开发为语文资源，教学就会发生可喜的变化，如在写人叙事、抒发情感，甚至发表议论时，运用具有岭南文化的生动的语言，就可以增强文章的生动性、趣味性，令语言的表达更加充实、亲切。

六、本书也很好再现了地域文化的底蕴，比如康梁变法、孙中山革命与岭南文化的选择，比较好地说明了地域文化对人的心理结构的深刻影响，这体现了作者对史实文化的深刻思考与有效把握。

七、本书也是语文高效课堂的有益尝试。文化是民族的精神和灵魂，让语文教学与地域文化融合，无论是饮食、劳作，或是娱乐，都不会在低层次中徘徊，因为人们可以通过平凡的一举一动、一枝一叶，从中感受其厚重而独特的文化魅力，而对文化的这种感觉、知觉和意识，会自然与师生身心发展相结合，形成精神和灵魂的共振同化，并产生强大的文化力量。这样，语文教学就在地域文化的沐浴中变得更个性与厚重，语文教学也就发生了质的飞跃。

任何成果都有见仁见智的一面，我也觉得该书还有一些不尽如人意的地方，比如梁启超是出生在江门，还是佛山，值得商榷；比如若与“地域文化与中学阅读教学”相对应，“地域文化与中学写作教学”就相对显得更有系统。而谈到岭南文化，没有慧能的佛化好像也缺乏高度。更深层次的是，对文化的内涵，还应该进行更深层次的挖掘。比如《走近经济》对经济中的文化选择、深谋远虑及家国情怀等深厚的底蕴，就缺乏应该有的理性阐发。语文是一种实践性的生命行为，实践中的文化气息怎样在阅读中体悟，如何与言为心声有机结合，需要进行更深刻的思考与探索。

我一直希望语文教育教学理论和方法要具有更多的乡土气息，特别是校本教研的理论和方法，大学教师比较难完成，主要寄希望于一线教师和教研室的创造性劳作，希望胡老师在未来的研究中，因地制宜，充分依托佛山文化资源的优势，扬长避短，有效组织开展实施以学生发展为本的文化实践，争取取得更优秀的成果。

由于我的眼睛不能长时间“劳作”，我虽然通读了全书，但没有深入研究书中的全部内容，不能对书稿的内涵及价值进行更深层次的挖掘与评述，希望读者在自己的阅读思考中汲取到自己教学与发展需要的养分。我相信：只要有更多一线教师的不懈努力，语文的文化底蕴一定会更加深厚，广东的语文将可以具有更多的岭南特色。

对一线教师，我一直还有一种天然的尊重和亲切，借此机会，请允许我以一个语文老教师的真诚，对所有为我省语文教育教学奉献了自己智慧及付出了辛劳的教师和本书读者，致以崇高敬意和无限的祝福！愿有志于语文教研教学事业的所有教师和学生都在地域文化的沐浴中，具有民族的精神、独立的思考与高尚的灵魂！向本书的作者致敬！

是为序。

2014 年 6 月 16 日于珠岛书屋

序二

新思路·新突破

华南师大中文系主任、博士生导师　陈建森

我在华南师范大学从教28年了。由于学校的主要目标之一是将本科生培养成合格的高中语文教师，我的工作除本科教学外，还带语文学科的教育硕士。我每年参加广东省高考语文评卷工作，因而对中学语文教学的现状有一定的了解，与中学语文教师的接触亦逐渐增多。胡兴桥就是我接触过的一位优秀的中学语文教师。

我与兴桥兄相识于广东省高考语文评卷场。三年来，我们一起分析高考语文试卷，制定评分细则，通过考生答卷的情况分析目前广东省高中语文教与学的成功经验和存在的问题，交流对目前中学语文教学的看法。在与兴桥兄持酒论文中，我发现，兴桥兄的眼光不仅仅盯住茅台、五粮液，而且也关注各种富有地域特色的名酒，喝出新的感知。我想，兴桥兄《地域文化与中学语文教学》的研究思路，应当是从品酒中领悟出来的，中学语文教学研究与品酒都重质辨味，二者肌理相通。

从地域文化的视角，重新审视中学语文教材和教学状况，确实是解决目前中学语文阅读和作文教学存在问题的一条新思路。那么，地域文化以何种方式关涉中学语文教学，确实是我们首要探讨的问题。

我认为，《地域文化与中学语文教学》有三个方面值得关注：

一、带领中学生回归地域生活之源去阅读理解。人生活在一定的地域生态环境之中并获得真切的体验和内心的感悟，生活是文学阅读与写作的源泉。但是，目前在高考指挥棒下的应试教学，恰恰是远离生活，阅读与写作不重真切的体验和内心的感悟。兴桥兄认为："在这个时代迅速变迁的当下，当读图与读频正在走进学生常规生活的当下，我们的阅读与写作将何去何从？我们如何能激发起学生的内心，就像当初的我一样，能将写作作为自己生活的一部分，甚或迷恋乃至痴迷文字带来的愉悦和感动呢?”为了让学生获得阅读和写作所带来的愉悦和感动，兴桥兄在教材中充分挖掘地域原生态生活的课程资源的价值。

如他讲朱自清的《背影》时，有意引导学生思考为何作者单单选取浦口车站“买橘”送别这一场景呢。原来，“买橘”是扬州一地特定的文化习俗。每年大年初一清晨，扬州主妇须将事先准备好的橘子分发给全家老幼，这是新年第一件庄重又愉快的事。扬州话把碰上好运叫“走局”，好的运气叫“橘气”。“橘”和“局”谐音。橘子的清新鲜爽的气味，俗称“橘气”，故而赠人以橘便意味着把好运气馈与对方，希望吃了橘子的人，处处走运，事事遂心。《背影》中的父亲失业，在“家中光景是一日不如一日”的境况下，临别前为儿子翻越月台去买橘，不仅寄托了一个迂执的父亲对儿子的良好祝愿，而且蕴含了深沉的父爱。因而这一“背影”打动了“我”，深深烙在“我”的心田。正是通过“买橘”这一扬州特有文化风俗的揭示和分析，使学生能更好地领悟文中人物的内心情感，更好地感受到“背影”所包含的浓浓的父子的深情。

《九年义务教育语文课程标准》就明确指出:“各地区都蕴藏着自然、社会、人文等多种语文课程资源。要有强烈的资源意识，去努力开发，积极利用。”兴桥兄认为:“以语文教学的视角，关照地域文化，是每个具有前瞻意识的语文教师的教育使命和文化责任。地域文化以何种方式关涉我们的语文教学，是我们首要探讨的问题。”这种认真贯彻落实《九年义务教育语文课程标准》的教改精神是值得肯定和推广的。

二、引领中学生回归文化之根去探究阅读。我认为，目前中学语文教学存在的主要问题是，语文教师历史文化知识薄弱，知识结构不完善，教学多照本宣科，缺乏学术探究精神。《孟子·万章下》:“颂其诗，读其书，不知其人，可乎?是以论其世也。”章学诚《文史通义·文德》:“不知古人之世，不可妄论古人之辞也。知其世矣，不知古人之身处，亦不可遽论其文也。”因而，读一篇文学作品，即读其人，即读其世，即读其文化。兴桥兄讲苏轼《江城子·密州出猎》时，能结合密州的民风及文化传统说明其与苏轼词风转变的关系。“首先，密州儒学相当兴盛。其次，密州一带的民风朴鲁纯真‘不知嬉游’，而且在北宋这一带的人们以强悍勇武闻名。深沉厚重的儒学传统，会促使作者在词中更多更深地寄托自己的政治抱负；纯朴而‘不知嬉游’的民风，也会促使作者进一步减少词这种体裁中固有的脂粉气；而以习武知兵为目的的围猎活动，慷慨悲歌的文学传统无疑更有助于作品豪壮风格的发扬。可见，密州特定的文化环境直接影响了苏轼词风的改变，并由此而开创了宋代豪放词风的先河。”读书的目的是明理，在于明心见性。这种结合地域文化资源的对作家作品的学术解读，是作者经过认真查阅文献资料并进行探究后得出来的，与那些照本宣科或者无“根”臆测的语文阅读教学，不可同日而语。

三、从最熟悉、最喜欢的地域人物事件入手，调动中学生阅读和写作的内驱力。兴桥兄觉得高考指挥棒之下的作文教学，有着惊人的一致性，老师们大都忽略了作文最本质的引领，而常常在技巧与方法上层出不穷地落实，以至于高考作文常常似流水线生产的产品，而鲜有上品。学生害怕作文甚至讨厌作文，这对于我们的母语教学和习得，真是一个莫大的讽刺。“一个好的语文教师，应该让自己的孩子在最能体现自身情感世界的作文方面有所建树，而不是凭着某一种或几种模式，进行空洞麻木的‘仿套抄’和‘假大空’式的写作”。因而，《地域文化与中学语文教学》尝试从孩子最喜欢的东西入手，去调动他们写作的内驱力，将写作作为自己生活的一部分，变害怕作文、讨厌作文为喜欢作文。我认为这种通过阅读和写作教学引领中学生回归地域生活之源的语文教改，让中学生的阅读和写作有了源头活水，能够“展示语文学科的生命能量”。阅读和写作的关系非常密切，随着文本阅读理解水平的提高，必然会促进写作水平的提高。

我认为，一个合格的语文教师应该具备以下四个基本条件：首先，他应该是一位严谨的学者，学然后知不足，教然后知困，勇于探索，自我完善；其次，他应该尊崇教书育人的教育理念，注重人的素质教育，而不是围绕高考指挥棒照本宣科地进行教学；第三，他应该是民族文化的传承人，具有高度的历史责任感；第四，他应该具备牢固的专业知识和专业技能。目前，我们更多的是强调教师的责任感，这种“责任感”的内涵就值得怀疑。教育理念不正确，对教学的内容没有独立的思考和批判精神，人云亦云，照本宣科，这种“责任感”越强危害反而越大。这一点，我想兴桥兄是有深切体会的。他早年曾担任某中学文学社的辅导工作，一干就是 7 年。他觉得自己并不快乐，“因为文学社的文学作品直指心灵，性灵而自由无碍；而另一方面，作为一名要出教学业绩的语文老师，我不得不结合当时湖北的高考优秀例文，不厌其烦地教导学生怎样写好高考作文，当我 2004 年将学生的高考成绩教得出类拔萃时，我已然失去了一个语文教师应有的文学心态，我于是去寻找一个关于语文教师的梦想、关于语文教师尊严的未来”。我高兴地发现，《地域文化与中学语文教学》正是兴桥兄试图寻找语文教师梦想和尊严的有效突破。

作为《地域文化与中学语文教学》的第一个读者，我读后获益良多。然而我同时觉得，作者较为注重单篇作品的教学实录，多停留在语文教学经验总结的层面，还需一些教育理念和教学理论层面的探索，在寻找语文教师梦想和尊严的征途中仍有很大的发展空间。

唐人司空图《与李生论诗书》云："愚以为辨于味，而后可以言诗。"我想，兴桥兄应当经常邀请酒朋诗侣宴集，"辨"各种富有地域特色的名酒的"味"，我想，如果将各种富有地域特色的名酒的"味"都"辨"明了，那么，对"地域文化与中学语文教学"内在关系的体悟也会更深刻了。

2014 年 7 月 26 日于广州"独爱风斋"

目　录

第一章　总　论

一、第一次接触地域文化

我出生在湖北一个贫穷的小山村，天蝎座，胆汁质，家庭的环境和性格的使然，比较早熟。我的高中生活是在湖北枝江的一所普通中学度过的，高考的压力和家族的希望，在20世纪80、90年代演绎得特别真实严酷。我和中国现在所有的学子一样，具有很强的使命感和压迫感。不同的是，我酷爱着文学，中学三年，我写了三本厚厚的随笔，到了大学，我就开始发表文章，到大学毕业时，已经公开发表了100多篇小说散文，后来编辑成《浮尘集》，获得了1996年湖北大学生优秀科研成果二等奖。

我的文学心态是在中学时代奠定的。1996年夏天，我以一名语文老师的角色走进枝江一中这所省名校，肩起了学校《小帆文学社》的辅导工作，一干就是7年，其实我并不快乐，因为文学社的文学作品直指心灵，性灵而自由无碍；而另一方面，作为一名要出教学业绩的语文老师，我不得不结合当时湖北的高考优秀例文，不厌其烦地教导学生怎样写好高考作文，当我2004年将学生的高考成绩教得出类拔萃时，我已然失去了一个语文教师应有的文学心态，我于是去寻找一个关于语文教师的梦想、关于语文教师尊严的未来。

2004年夏天，正值广东省进行新一轮语文新课程改革，我毅然辞去了湖北的工作，来到广东湛江一中做了一名普通的语文教师。我希望通过了解新课程、践行新课程，去兑现语文应有的精彩。2006年，我主持研究的《高中作文教学研究》获得市科研成果二等奖；2009年12月，我所主持的《紧扣新教材，践行新作文》，获得了广东省科研成果二等奖。我2007年、2008年、2010年、2011年、2012年、2013年都担任了广东省高考阅卷老师，其中2011年、2012年、2013年连续三年担任高考阅卷组长、副题长。在担任高考作文阅卷组长期间，我的感觉并不快乐，因为学生在考场作文中体现出来的“假大空伪套劣”，深深地刺痛了我的心，我觉得，一个好的语文教师，应该让自己的孩子在最能体现自身情感世界的作文方面有所建树，而不是凭着某一种或几种模式，进行空洞麻木的“仿套抄”和“假大空”式的写作。

一直以来，中学的作文教学是我研究的重点。每年都参编很多的作文资料，同时也密切注意着其他省市的高考作文，进入广东工作以后，我觉得高考指挥棒之下的作文教学，有着惊人的一致性，老师们大都忽略了作文最本质的引领，而常常在技巧与方法上层出不穷地落实，以至于高考作文常常似流水线生产的产品，而鲜有上品，学生害怕作文甚至讨厌作文，这对于我们的母语教学和习得，真是一个莫大的讽刺！

于是，2007 年我参加完高考阅卷回来之后，就进行了深刻的反思与追问，我们的作文出路在哪里？在这个时代迅速变迁的当下，当读图与读频正在走进学生常规生活的当下，我们的阅读与写作将何去何从？我们如何能激发起学生的内心，就像当初的我一样，能将写作作为自己生活的一部分，迷恋乃至痴迷文字带来的愉悦和感动呢？因为我们真的不希望，自己辛苦教出来的学生，成为一进入大学，就彻底抛弃语文的“负心人”。

2007 年，我接手高一，第一单元就是陈佳民先生编写的写作活动单元——认识自我，我曾参与了这个单元的教学录制，教学是很有心得的。下来后，我要求学生结合这个单元的编辑思想，采用活动的方式，先去采访自己的身边人，围绕你最喜欢的某一种美食，去写一个身边人。话题就叫“从自己喜欢的一种美食，认识一个身边人”。为什么要拟这样一个题目呢？原因很简单，就是想从孩子最喜欢的东西入手，去调动他们写作的内驱力，就是这样一个作文题，重新激起了我对中学作文教学的新的希望。

请看符培威同学写的《奶奶与年糕》的片段：

煮年糕的过程中，总要定时添加一些水，这样才能保证既熟得快又煮得香，于是我们又回到厨房继续蹲在火灶前。无意间我发现，在火光的映衬下，奶奶的满头银发竟全染上了红光，飘逸之间却是那么美丽。由于用的是原始土灶的原因，厨房里充盈着朦胧的烟雾，我抵挡不住它们的袭击，不停地流眼泪。奶奶的眼睛本来就是沙眼，现在更是泪眼模糊，她却丝毫不在乎

——第二天，我看见奶奶的眼里布着血丝，略显憔悴。当奶奶揭开锅盖的那一瞬间，一股浓厚而不可抵挡的香味扑鼻而来，带着奶奶身上熟悉的气味，奶奶笑了，笑得那么舒心，我也笑了，夹着些泪星子，终生难忘。

每个人都离不开吃，对于青少年而言，对吃的理解是最直观也是最有记忆的，由“吃”而走进另一个人的内心，自然就会引起味觉与情感的贴近相濡；符培威写奶奶，从煮年糕出发，在儿孙共处一室的亲密碰撞中，他笔下的文字不再那么生涩枯燥，没有了考场作文的正襟危坐，没有了“假大空”的标签，有的尽是爱的传达与亲情的弥漫。最后一句“我也笑了，夹着些泪星子，终生难忘”，情感是多元复杂的，体现了作者的真性情。正如他在之后的自我评价中说：“写奶奶煮年糕，我突然有一种不吐不快的冲动，而当我面对白发和血丝、憔悴和笑脸，我却像打破了五味瓶。我把这篇文章念给奶奶听，她的笑容同样令人终生难忘！我喜欢这样的作文方式和作文内容。”

再来看吴一智同学写的《舅公与海鲜》的片段：

舅公是一位土生土长的渔夫。他黝黑却精神，整个人像海风般爽朗。他胳膊上的肌肉疙瘩结着一层盐霜，在阳光照射下闪闪发亮。舅公每次出海，都会捕回许多海鲜：海星、大蟹、龙虾、石斑、海鳝、软唇、比目、鲇鱼……我看得眼花缭乱，却见舅公从中挑出六七斤重的大鱼，扔回了大海。边扔边说：“十斤以下的鱼我都看不上眼，你们城里那一两斤重的鲫鱼也敢叫鱼？我今天让你们真正尝一下海的味道。”他随手一抓便是一条十几斤重的大石斑，操起刀娴熟地起鳞。除去内脏的石斑放入锅里煮时，还鲜活得跳将出来。“有时我们打鱼饿了，干脆就随手捡起一条鱼，起鳞后就切生鱼片吃，那才爽口，真叫过瘾。再来两杯湛江的米酒，比神仙还有滋味呢。”舅公不无陶醉地讲道。

在湛江，舅公就是“舅舅”的意思，吴一智同学的舅公是个渔夫，他豪爽、健康、阳光，浑身充满了正能量，这样的职业、这样的生活方式，是很鲜见的；但是在吴一智的眼中，却是再熟悉不过的——我们一直认为最难得的作文个性，包括最难表达的作文真性情，或者新颖别致的作文内容——其实就在孩子们的生活空间之中。那为什么我们的孩子们总在自己的作文中重复千篇一律的作文内容呢？为什么写老师，就一定是在灯下忘我的批阅？写爸爸妈妈，就一定是推开房门给我一杯牛奶？写爷爷奶奶，就一定是回忆那遥远的过去？……我在想，是不是我们的确太忽略孩子的生活实际，而过于注重写作技法了呢？

最后我们来看郑贝奇同学写的《舅母与萝卜田艾粄》的片段：

> 那天，舅婆带了自制的田艾粄，我一听说是田艾，便觉得索然无味，到处有卖的东西又有什么吃的价值呢？最后，还是在外婆相劝下塞了一口。嗯，韧而不硬，柔而不软，让人想把舌头也一并吞下去。田艾皮上连着一丝丝艾叶，清晰看见，而且那里面的馅也不同于往日所见的椰丝、花生那一类的东西，是腌制的萝卜！田艾的皮一向都甜，而腌萝卜的咸味恰到好处，一个，两个，我把仅有的五个都吃掉了。日子这样一天天过去，那天，我在校旁边看到挂着“萝卜田艾粄”的牌子，旁边坐着一位老人。我看到“萝卜”，不禁怦然心动，买了一个，却觉得相差甚远，硬邦邦的，又少萝卜。我不知何故，边看着手中田艾，边想起舅婆种种的好，一时不能下咽。

这个片段，郑贝奇同学主要写了美食带给自己的味觉感受，这种独特的家乡味道、亲人味道，在每个学子的心中挥之不去，所以郑贝奇在谈她的写作体会时说：“我从来没有这样一种感觉，那就是这种普通的食物能带给我这么强烈的震动。以前，我不怎么记得舅母对我的好，可是我的味觉提醒了我，这是一种非常神奇的提醒，是身体——它提醒我去爱，让我终身难以忘记！”我非常赞同郑贝奇同学的观点，在这次作文中，有很多同学都有同样的体会，我们后来把这次作文编辑成一本文集，叫《美味叫我爱》，在年级传阅。无疑，这是一次很成功的写作尝试。

之后，我就在想，是什么让我们一下子产生这么多的写作热情呢？而且，在写作中，一下子生发了这么多美好的情感？原来，学生写作涉及的极具地方特色的美食，属于湛江地区的饮食文化，由此，我开始进入了地域文化的语文教学研究。

二、对“文化”的理解

文化是一个既复杂又深具魅力的词语。虽然它经常在人们的交流中出现，可是具体到文化是什么，却又很难解释清楚。因此，我们一般只是在使用“文化”这个词汇，却很少去深究其含义。据有关专家统计，目前理论界有关“文化”的定义已有三百余种。即便只为给文化下一个确切的定义，也使得文化学家、人类学家、心理学家等人文社科领域的专家展开了长久的讨论，然而这些并没有使人们对文化是什么达成共识，反而分歧日益明显。文化几乎成了钱锺书先生所讲的“你不说我还清楚，你越说我越糊涂”的那类概念。人们称文化是一张“无纲之网”，它是世间与人生的巨大包容体。即使如此，我们在此还是有必要对“文化”的源与流进行追溯。

在西方，“文化”一词来源于拉丁语 Cultura，相当于英语的 Culture，德语的 Kultur，原为动词，有耕种、居住、练习、注意、动植物培养等意思，后来逐步引申出“神明祭拜”等含义。到 16、17 世纪，又引申为对人的性情的陶冶、品德的教养，具有明显的动态过程性，渐渐包含了物质层面与精神层面两个领域。18 世纪以后，Cultura 在西方语言中逐渐演化成个人的素养、整个社会的知识、思想方面的成就、艺术和学术作品的汇集，并被引申为一定时代、一定地区的全部社会生活内容。与中国古代的“文化”从一开始就较偏重精神教化不同，西方的 Culture 更多地展现了逐渐由物质生产活动引入精神生产活动的特点。

直到 19 世纪下半叶，随着人类学、文化学、社会学等学科的兴起，文化问题才真正摆脱朦胧的“前科学”状态而得到广泛的研究。尤其是泰勒于 1871 年发表了《原始文化》这一著作。在这本著作中，泰勒曾经对文化作出了一个经典定义：“所谓文化或文明，就其广泛的民族学意义来说，乃是包括知识、信仰、艺术、道德、法律、习惯以及其他人类作为社会的成员而获得的种种的能力、习性在内的一种复合的整体。”此后，美国的一些社会学家、文化人类学家把实物也加入文化范畴，使得文化的外延包括精神和物质两个方面。而文化的定义，就如雨后春笋般多了起来，不可一一列尽。

比如，单就文化的分类来说，西方学者就有很多不同的理解。奥尔波特将文化分为人类文化、种族文化、民族文化、国家文化、城镇文化、邻里文化、家庭文化。而戈尔尼科将文化分为宏观文化与微观文化，宏观文化指的是一个国家或地区共享的文化；而微观文化又可划分为种族或民族文化，社会经济水平文化，宗教文化，地域文化，城市、郊区、农村文化，性别文化，特殊文化，年龄文化。而班克斯把多元文化分为宏观文化与微观文化，并且对微观文化的分类更加细致，包括：种族或民族来源、社会经济水平、地域、城镇农村、宗教、性别、年龄、特殊性等，非常丰繁。

在中国，“文化”一词古已有之。“文”的本义是指各色交错的文理。如《周易·系辞下》有“物相杂，故曰文”；《礼记·乐记》有“五色成文而不乱”。此外，在《尚书》《论语》《说文解字》等经典中均有相关论述。“化”的本义为改易、生成、造化。如《周易·系辞下》有“男女构精，万物化生”；《庄子·逍遥游》有“化而为鸟，其名为鹏”；其他经典如《黄帝内经》《礼记》等也有相关论述。作为内涵丰富的“文”和“化”的并连使用始见于《周易·贲卦·象传》：“分刚上而文柔，故小利有攸往，天文也；文明以止，人文也。观乎天文以察时变，观乎人文以化成天下。”这里“观乎人文以化成天下”，是指人类依照自己的思想意志，改造自然、社会与人本身，用教化改造成就天下的人。孔颖达在《周易正义》中说：“观乎人文以化成天下者，言圣人观人文，则诗书礼乐之谓，当此法教而化成天下也。”汉代刘向《说苑·指武》云：“凡武之兴，为不服也；文化不改，然后加诛。”晋代束广微《补亡诗·由仪》云：“文化内辑，武功外悠。”南齐时王融《曲水诗序》云：“设神理以景俗，敷文化以柔远。”这些言论中所谓“文化”，大体而言，指的是文治和教化，具有了动态的过程含义。可以说，从精神教化的层面谈文化的思路乃是中国古人沿袭的基本趋向。

那到底什么是文化，笔者比较赞同源自文化人类学的概念，即从广义上说，文化是一个复杂的整体，它包括知识、信仰、艺术、道德、法律、风俗以及作为社会成员的人所有的其他一切能力和习惯，是人类社会历史实践中所创造的物质财富和精神财富的总和。笔者认为，文化还应具有以下几个特点：首先，文化是一个群体共享的东西；其次，这些东西可以是客观显性的，也可以是主观隐性的；第三，客观显性的文化和主观隐性的文化同时对生活在该群体中的人产生各方面的影响；最后，文化代代相传，虽然会随着时代改变，但速度极其缓慢。这四个特点，是非常必要的。

三、对“地域文化”的理解

（一）定义与属性

对于中华文化，笔者认为既是一统的又是多元的。在中华文化的版图中，各种文化和谐发展而又保存各自的特色。钱穆先生在他的著作《中国文化史导论》中形象地说：“中国是一个大家庭，她能具备好几个摇篮，同时抚养好几个孩子。这些孩子成长起来，其性情习惯自与小家庭中的独养子不同。”在中华大家庭中成长的孩子当然有统一的共性，但在不同的摇篮中成长，自然有各自的个性。不同的地域文化之间之所以能够和谐相处，是因为它们之间有相同的文化因子，比如儒家思想。各个地域文化之所以能够保持自己的特色，则是由于我国地域辽阔、地形复杂以及历史上政权的分离等各种因素造成的。这使中国地域文化表现出多元一体、和而不同的特征。也正由此，才使得中华文化绵延几千年，至今保持着旺盛的生命力。

下面，我们来解读一下地域文化。

什么是“地域”？要想给出一个准确而清晰的定义，我觉得不妨从如下几个方面理解：首先，“地域”应是一个地理学的概念，它必须具有相对明确而稳定的空间形态，但仅仅具有相当稳定的空间形态是远远不够的，因为“地域”除了自然的、空间的意义之外，还具有政治的、经济的、军事的和文化的意义，因此，对于地域文化研究来说，它还必须具有相对明确而稳定的文化形态。其二，“相对明确而稳定的文化形态”这一表述可能又涉及地域文化的时间和传统，因此，“地域”又是一个历史的概念。其三，“地域”应是个立体的而不是平面的概念。自然地理或自然经济地理之类可能是其最外在最表层的东西，再深一层的则是如风俗习惯、性情秉性、礼仪制度等，而处于核心的、深层的则是心理、价值观等，它们都从不同方面对文化产生影响。其四，“地域”还应是一个比较性、对照性的概念，任何地域都应有一个可资比较、对照的参照物，然后此一地域之特点才能彰显。

由此，结合“文化”的定义，我们可以得出这样的结论：所谓地域文化，是指一个地方在历史发展过程中所创造的包括历史文化、商业文化，以及道德观念、地方风俗、思想行为习惯、活动方式、宗教信仰、文学艺术、法律规范、学术文化等因素在内的物质财富和精神财富的总和。是按照地域界定而出现的文化类型，是某一地区囿于地理环境和民族发展所呈现出的文化形貌。很显然，具有明显地方特征的文化，即地方特色文化，是地域文化的主要表现形式。

中国幅员辽阔，960万平方千米的土地，有着悠久历史和众多民族。中国文化以汉族文化为主体，亦称华夏文明或中华文化。它最早源于5000年前的黄河中下游地区，经过夏商周三朝的发展，到春秋战国时期，由于自然环境的差别，构成了经济发展方向与水平的差异，并形成了丰富多彩、风格迥异的地域文化特征。

武汉大学中国传统文化研究中心的冯天瑜教授在由北京教育出版社、内蒙古教育出版社、河北教育出版社、安徽教育出版社、山西教育出版社联合出版的《中华地域文化大系·总序》中就对中国文化的地域归属作过很明确的阐述，他认为按照自然条件和经济文化类型，中国首先可分作东、西两部。作为文化的空间分类，地域文化由自然、社会、人文三重因素所决定，三者在历史进程中综合成某种地域性文化特色，如北方的中原文化，雄浑如触砥柱而下的黄河；南方的楚文化，清奇如穿三峡而出的长江。

（二）历史的源与流

中华先民很早便在东亚大陆建立起幅员辽阔的国家，并对这片国土的自然风貌和人文状态作过真切的分区把握。从地域文化的差异形成历史来看，早在春秋战国时期，随着氏族宗法制的彻底解体，我国地域文化的格局就已在宗族藩篱的废墟上显现出早期的规模。

究其原因，主要有以下几点：地理差别，从经济上制约了文化的地域构成；邦国林立，则从政治上强化了文化的地域分野；大师并起，则从学术上突出了文化的地域特色；上古时代丰富多彩的民风遗俗的流播传扬，又形成了风格各异的地域文化氛围。成文于周秦之际的《禹贡》简练而准确地描述了当时的国土——“东渐于海，西被于流沙，朔南暨于声教，讫于四海。”对纵横于东亚大陆的广袤国土，《禹贡》分其作“冀、兖、青、徐、扬、荆、豫、梁、雍”等九州，其实就是以山、水为标识将天下划分为九个地域，并对各个不同地域的大小、土壤、物产加以叙述，作出等级划分，实际上就是九个文化地域的划分。此后，西汉史家司马迁在《史记·货殖列传》中对当时南北东西各地的物产和人文特色有传神的描绘。西汉末年刘向则将汉朝全境划分为若干地域，丞相张禹又令僚属朱赣按地域介绍风俗。东汉史家班固所撰《汉书·地理志》集上述之大成，对当时的中国作出如下“域分”：秦地、周地、韩地、赵地、燕地、齐地、鲁地、宋地、魏地、楚地、吴地、粤地，并记录各地风俗，绘制出具有文化地域特征的生动画卷。

后人将中国划分成的六个文化圈，即齐鲁文化、楚文化、吴越文化、巴蜀文化、秦文化、三晋文化，就是在这些典籍的基础上划分的。由此可见，春秋战国时期，中国大地上就已形成地域文化的基本格局，可谓时代久远，源远流长。

（三）地域文化举隅

1. 中原文化

这里说的中原文化是中原中的“中原”，地理范围大致包括今河北、山西、河南。中原文化又可分为燕赵文化、三晋文化和中州文化。燕赵文化具有经世实学、兼收并蓄、厚重古朴、慷慨节义等文化特质。“燕赵自古多慷慨悲歌之士”为人所共识。春秋时代三晋文化的分布地域，大致在今山西全境，河南的中北部和河北的南部、中部。在学术思想上，三晋时期，由于这里战乱频繁，各国十分重视国际政治关系的交往，为法家和纵横家提供了诞生的土壤。中州文化地理范围主要指今河南。燕赵文化、三晋文化和中州文化在地理上多有重叠，共同构成中原文化。在中国诸地域文化中，中原文化起始时代最为久远，见于文献记载最多，源远流长，内涵丰富，并长期处于中国古代诸地域文化中的领先地位，并构成中华传统文化的主流，有特别重要的地位，被一些学者称之为中华文化的“缩影”。

2. 齐鲁文化

春秋时代，今山东省泰山以北地区称齐，以南称鲁。周王朝“封建亲戚，以藩屏周”。封开国功臣吕尚为齐侯，其子伋建都于营丘（今山东临淄北）；封周公旦长子伯禽为鲁侯，建都曲阜。齐鲁文化自此诞生。齐鲁地区，依泰山而濒大海，古代称为“海岱地区”。远在石器时代，“东夷”人就在这里创造了著名的北辛文化、大汶口文化、山东龙山文化，成为齐鲁文化的渊源。齐鲁文化由相对独立的两部分——齐文化和鲁文化共同构成。两者之间既有明显的区别，又有密切的联系。鲁文化显现的原始儒学的特征，也是鲁文化的特征。相比之下，齐文化则显现出华丽活泼、开放创新的风格。齐鲁文化具有不同风格。比如在学术风气方面，鲁国以儒学为宗，“道一而风同”的空气浓厚。齐国则诸子并立，兼收百家。齐鲁文化又存在密切联系，并有鲜明的历史融合取向，在长期的相互交往中，两者分别吸收对方文化的营养。尤其是学术上的互通，使得正宗儒学的思想和道、法、阴阳等百家之学相汇合，使得诞生于鲁国的原始儒学向着更丰富、更博大的新形态转化。

3. 楚文化

楚文化的分布范围，大致在今两湖和河南、安徽、江西大部分地区，这里地处长江中游，江汉平原千里沃野，又有洞庭湖、鄱阳湖等数以千计的大小湖泊星罗棋布，堪称“鱼米之乡”。商末周初，祝融部落的后裔芈姓荆人的酋长鬻熊立国于荆山一带，建都丹阳（今湖北秭归）。其重孙熊绎在周成王时被封在楚蛮之地，立“楚国”为正式国号，楚文化因此得名。楚文化的渊源可上溯到上古传说时代的祝融和三苗。从文化形态学分析，楚文化具有中原华夏文化与南部蛮夷文化杂交的鲜明特征。楚地是道家的发祥地，楚地山川迤逦，民族混杂，楚国的历史，又充满了蒙昧和文明、忠贞和奸邪的争斗，社会色彩斑斓，生活节奏明快，这都有助于文学浪漫主义风格的形成。庄子和屈原的浪漫主义的精彩篇章就诞生于此。楚地风俗别具一格。他们相信自己是日神后裔，火神的嫡嗣，所以服色尚赤，方位尚东。楚人在北方华夏和南方蛮夷的夹缝中建立自己的政权，创造出自己的文化。他们艰苦卓绝而历经磨难，由此形成强烈的民族意识和尚武精神。爱国、忠君、念祖，在楚地蔚然成风。对于先祖功业的极度崇敬和缅怀，导致楚人对于神、鬼的奉祀虔诚之极，与此相关，巫在楚人心目中的地位，也远高于春秋时代的其他民族。

4. 吴越文化

春秋战国时代的吴越，其地理范围指今天的江苏、浙江、上海和安徽、江西的部分地区。春秋晚期，吴国建都姑苏（今江苏苏州），越国建都会稽（今浙江绍兴）。两国连绵不断的战争，使得具有近亲关系的远古吴文化（北阴阳营石器时代、湖熟青铜文化）和越文化（河姆渡文化、良渚文化、马桥文化）进一步融合为一，形成了独具特色的东南沿海地域文化。在风俗方面，吴越也形成了断发纹身、尊奉鬼神等鲜明的地域特征。语言文字方面，吴越也自成系统。吴语作为汉语方言之一，语音特点主要在于有清浊声母之别，有短促的入声，声调多至七八种。这些特点一直留存至今，江浙语、下江话便是继承吴越方言演化而成。在文字上，吴越通行中原华夏文字，又有所创造，形成了“鸟虫书”。

5. 岭南文化

从地域上来说，岭南文化大体分为广东文化、桂系文化和海南文化三大块，主要以属于广东文化的广府文化、客家文化和潮汕文化为主，这是岭南文化的主体。明清之际，岭南三系文化相互融会贯通，岭南文化真正有了自己独立的风格、精神，并区别于南方文化。岭南文化形成后在政治、哲学、学术、艺术、经济、工艺和生活各方面全面发展，至晚清达到了高峰时期。到了近代，岭南得风气之先，成为中西文化交流的重要津梁，多种文化思潮交错而形成绚丽多彩的画面，岭南文化成为中国政治、思想、文化革命和发展的先导。从洪秀全金田起义、康梁变法、何子渊的教育革新到孙中山领导的民主革命，岭南文化始终是中国近代政治革命的重要代表和领导力量。这段时期，岭南文化精神实质是战斗、革命、革新精神。此后，新中国成立、改革开放，以及经济的高速发展，为国内各地方文化的复兴提供了条件。20 世纪七八十年代，广东进入新文化时期，起飞的经济与岭南风格的粤语文化、粤式生活方式结合在一起，形成了岭南文化的现代阶段。

第二章　地域文化与语文教学

一、地域文化的语文意义

根据2004年颁布的《九年义务教育语文课程标准》对语文课程的定义，我们不难发现，它是一门语言文字运用的综合性、实践性的课程。这里的“综合性、实践性”强调了语文作为一种工具的“运用性”功能。一直以来，对“语文”有不同的认知，有人认为语文就是“语言文字”；有人认为是“语言与文章”；还有人认为是“语言和文学”“语言和文化”。其实，无论从何种意义上说，语文的工具性是毋庸置疑的，它的课程开设直接指向其运用性。

运用语言文字，离不开“运用”的背景；研究一个人“语言”的形成和演变，更离不开其“语言背景”。这就涉及一个“地域”性的问题。同时，语言运用的语境品质的高低，也制约着语言运用的水平。更为重要的是，对于语文能力的提升，语文兴趣的养成，“新课标”将语文课开设的目标甚至高标到“文化”的层面，语言文字彰显出来的中西文化要义，当然是学子读书的终极，但是不可一蹴而就，要关涉“大文化”，理应从关涉“地域”的“小文化”开始。

众所周知，语文教育的实质是文化传承、改造、创生的过程。美国人类学家克拉克曾指出：“一个社会要想从以往的文化中完全解放出来是根本不可想象的，离开文化传统的基础而求变，求新，其结果必然招致失败。”中国学者王学玉在《全球化与国家、民族文化的发展前景》中说，“每一种文化就其实质来讲都有地域性”“文化的完形是地区性的，而和种种集团之间的已知的关系并不甚关联”。有人说，不能给语文带上太多的枷锁，其实，我们无法回避“语文的外延与生活相等”，既然如此，由关乎学子生活的“生活”进而关注“地域文化”，由“地域文化”进而延伸到丰富多彩的“中华文化”“世界文化”，以达成“新课标”

设定的课程目标，就有了基本的逻辑起点。

地域文化对于语文的意义，至少包括以下三个层面：

（一）地域文化是语文教学的背景语境

英国人类学家马林斯基曾经提出过“语境”的概念，他认为，语言深深植根于社会之中，不了解语言的社会文化背景，就无法理解这种语言的确切含义。他又将语境分为“文化上下文”和“情景上下文”，这里的“文化上下文”，指的就是讲话者所生活的社会文化背景和文化特征。实际上，这只是从语义理解的角度承认文化语境的作用。马林斯基的理论同样适用于语文教学，因为文化是由人创造的，文化的主体是人，基本来自于同一文化地域的教师和学生，具有共同的文化背景和相同的思维方式，而教学行为也必然受到这种共同的文化背景的影响。我赞同语文教学从某种角度可以理解成以符号为媒介的一种交往活动，想要达成广域的教学主体交往，交往的内容、手段，以及主体的知识、经验、情感、态度等都是必须考虑的因素。作为教学主体的教师和学生，生活在同一文化地域内，生活习惯、思维方式都受到当地社会习俗的影响和制约，这就决定了在具体的教学过程中，教师必须用适合当地文化语境的语言与学生进行交流和互动。

（二）地域文化本身也是语文教学的重要资源

《九年义务教育语文课程标准》明确指出：“各地区都蕴藏着自然、社会、人文等多种语文课程资源。要有强烈的资源意识，去努力开发，积极利用。”每一所学校总是处于一定的地域文化之中，语文资源的开发和利用也应处于一种地域文化之中。其实，无论是学校中的学生、课程资源、课程实施，还是与课程相关的其他活动，都处于一定的地域文化之中。因此，富有成效的语文教学，必然要考虑到地域文化背景因素，立足当地文化资源，提高学生的语文能力。钱理群先生在《贵州读本》一书中说：“如果年轻一代，对中国这块土地，对这块土地上的人民，在认识上无知，在情感和精神上疏离，我认为是很可怕的。”因此，在语文教学中渗透“土地”意识，自觉感知吸纳地域文化，进而传承中华民族精神遗产，不仅关系到学生综合素质的提高，更关系着中华文化的继承与发展。

（三）地域文化深刻影响了主体深层文化心理结构

地域文化中包蕴着丰富的地域人文情怀，一方水土一方人，“一方人”在长期的劳动生活中创造并延续了深层的本土文化心理，这些文化心理或文化特质代代相传，逐渐形成了个体生命最本质的文化精神、文化内核或文化精髓。生活在此的个体无不受其影响，并且这种影响是“随风潜入夜，润物细无声”式的熏陶，处在地域文化背景中的人是“如入芝兰之室，久而不闻其香”。其实，任何具体的语文教学都回避不了这种背景，语文教师应该充分挖掘这种原生态的人文价值，以展示语文学科的文化魅力，一则强化了学生对本地域文化心理结构的认知，二则促进了语文教学的文化目标的达成。

可喜的是，语文新教材的编写正逐步体现地域文化的特点，倪文锦先生在他的文章中指出，“教材编制的本质在于选择文化”。他重点谈的是语文教材对文化的纵向选择问题。而实际上，在“新课标”背景下，语文教材的文化选择还存在着一个横向选择的问题。目前，语文教材由以前的“一纲一本”变成了“一纲多本”的形式，各个地方可以编写自己的语文教材了。由于教材的编撰者有自己特定的地域文化，又因为教材的受众是广大的学生及教师，教材编撰者在编写教材的时候一定会考虑教材使用者方面的一些问题，而教材使用者的一些特征又正是包含地域性文化在内的因素综合作用的结果。这也就意味着教材中的地域文化因素应该引起我们的关注了。

二、地域文化教学的“一体两翼”

关于地域文化与语文教学，前者只是后者的教学资源，而不是现成的教学内容，目前最有效的处理方法，主要是“一体两翼”，即以“教材”为主体，以“阅读”和“写作”两翼来构建有效的地域文化教学。

（一）以教材为主体

地域文化的多元与教材编写的多元，为语文教师运用教材的有效性提供了可能。长期以来，我们把教材奉为圭臬，自有其好处，也有其弊端。新版的高中语文教材正在逐渐改变这种情形，尤其是“必修”和“选修”的出台，学生阅读的视域正在扩大，教师的教学选择的余地随之变大。以“教材”为主体，是对教材的尊重，教材中的经典篇目无疑具有丰厚的文化含量，而那些富有地域文化特色的“本土”篇目，更具有鲜明的“本土”风貌及情怀；对于写作单元的教学，自然可以将写作的笔头融入鲜活的地域文化生活。同时，以“教材”为主体，降低教师文化教学的难度，一般不用单独编辑教材，当然，条件成熟的亦可。

（二）以阅读为翼

随着“自主、合作、探究”学习方式的深入，在形成“知识与技能，过程与方法，情感态度与价值观”的三维目标方面，“阅读”的方式、内容更为灵活，以教材阅读篇目为蓝本，定向选择一些有地域特色（包括其他地域特色）的篇目，比如教贾平凹的《秦腔》，陕西的学生可以自主学习，也可以以小组合作的形式去实地观摩，集体探究；在“合作探究”中，充分感知“秦腔”的产生背景、生成条件以及表现形式，进而分析得出“秦腔”作为一种地域特色文化的内在精神。充分利用好地域文化特色，在阅读中实践，在实践中阅读，真正实现“新课标”的“三维目标”。当然，并非所有篇目都具有地域特色，这需要教者把握好适当的“度”，因势利导。

（三）以写作为翼

生活是写作的源头活水，地域性的文化心理同构，本地域的人文精神，学生大都亲身濡染，作文立意、个性可因此得以彰显。同时，丰富多彩的地域文化生活构成了学生取之不尽、用之不竭的作文素材，比如地域性的古迹、名人、绘画、戏剧、建筑、美食、方言等，都可以成为写作的触点，而这些素材学生耳听目见，甚至可以信手拈来。另外，本地域特有的语言，援引得当，也可增强文章表达的生动性。概言之，从文章的立意、选材、语言等方面加以考量，自然会解决当前学生作文“假大空”的败局。

三、地域文化教学的“三个维度”

想处理好运作过程的“一体两翼”，关键是授课者要有浓厚的地域文化意识，优秀的教师可以逐渐成为地域文化教学的专家。在运作“一体两翼”的过程中，地域文化的教学方法，大致遵循三个维度，这三个维度使得地域文化教学更有规律可循。

（一）第一维度：由教材到教材

教材是实施地域文化教学的第一蓝本，当然包括编辑成册的富有地域文化特色的校本课程。“由教材到教材”，是说实施的课程内容主要立足于教材本身地域文化内容的开掘、理解、感知和习得。课堂的重难点即放在对地域文化这一着眼点上。比如中学语文教材里的《五猖会》，课堂内容就可围绕“五猖会”中的“五猖”开掘民俗文化的人文心理；《布衣总统孙中山》可以就教材本身挖掘作为岭南文化名人的孙中山身上，彰显了哪些地域文化精神；《莫高窟》可以就莫高窟本身，讨论地域性的宗教文化特色。这一维度要求教材内容本身具有地域特色，或者主要内容富有地域特色，教授者可以容易地捕捉教材的重难点。

（二）第二维度：由教材到课外

教材的内容关涉到了地域文化，但不是教材的主要内容；这里的地域文化内容，却可以让教学的重难点得以佐证或升华，或者让教学的主要内容富有趣味或韵味，那么可以采用第二维度，由教材到课外，也可以说从课外到教材。教师利用教材课文中地域文化因素，牵引到课外，或由学生课外搜集，或布置学生课外感受，或写成相关的小文章，让学生能够更好地将课文“接地气”。比如，高中教材中的《祝福》，就可以从“祝福”的新年民俗，让学生去感知本地的春节习俗；《故都的秋》可以从“故都的秋”，让学生去感受本地域的秋；《游褒禅山记》可以从“游褒禅山”，让学生去游本地域的文化古迹等。这一维度，可以充分调动学生参与的积极性，增强学生学习语文的兴趣。

（三）第三维度：由活动到课外

语文的活动，是体现语文综合性、实践性课程特点的最好形式之一。语文活动所确定的主题，是调动学生积极投身地域文化感知习得的最好选项，这就涉及第三维度，由活动到课外。学生的语文综合实践活动，离不开本地域的大环境，因为地域文化常为本地人津津乐道，所以这样的活动课效果是非常好的。比如高中“认识自我”“认识自然”“走近经济”等写作活动单元，就可以通过调查、访问、咨询、考证，认识一个有地域特色的“自我”，认识到富有地域特色的自然景观，走近富有地方文化特色的经济形态，等等。充分调动富有地域特色的人文资源，是充实语文教学的重要手段。

四、地域文化教学的目标设定

根据地域文化教学的“一体两翼”和“三个维度”，我们可以设定出语文地域文化教学的基本目标，即“三个一”。

（一）一类知识

学生在课堂教学中通过老师的正确引领，充分学习教材中彰显的地域文化或地域文化因子，进而联系现实，通过实地考察、考证、咨询、调查、观摩、采访、网上收集等形式，整理出有一定价值的地域文化系统知识。在整理的过程中，可以通过语文活动课堂，语文合作与探究的学习方法，深入地分析、吸纳优秀的地域文化，丰富自己的知识积累。这里的“一类知识”，就是相对于课本知识之外的、比较系统的地域文化知识。

（二）一类技能

通过地域文化教学，学生能够在语文综合运用与实践中，自觉地关联地域文化。在阅读过程中，善于从地域文化的角度，去分析作品的趣味性、通俗性和深刻性；在写作过程中，能够在作文立意的确立、作文素材的选择、作文语言的处理上，更多地融入地域文化。在平时的表达交流过程中，能够比较自然、准确地关注地域文化，具有较好地运用地域文化知识的一类技能。

（三）一类情感

通过地域文化教学，能够在学好相关知识与技能的同时，建立“一类情感”，以彰显“情感态度与价值观”，这里的“情感态度与价值观”，主要是通过对地域文化的感知，逐渐感悟、体味其内在的人文精神、文化内核、文化心理，并进而内化为自己的地域文化品质，自觉传承地域文化精神，做一个真正的文化人，同时建立起爱家乡、爱国家的深沉情感。

五、地域文化教学要注意的问题

（一）整合地域文化

地域文化所缊藏的内容是丰富的、立体的，要进行地域文化教学，首先要根据教材整合地域文化。作为教者，一方面要搞清教材中的哪些内容隶属地域文化；另一方面要善于根据地域文化进行分类，因为教材所体现的地域文化有时并非都是教者所在地区的地域文化，这类地域文化亦可纳入文化教学范畴。在教学中，教者应该有起码的地域文化意识，在相应地域文化意识的指引下，进而将不同的地域文化进行相应的整理，形成自己的教学资源。

（二）把握地域文化教学的“度”

在地域文化教学中，地域文化是教学的资源，并不是所有的教学内容（个别典型篇目除外）。教学中“度”的把握，主要是为教学的重难点服务的，这里的“度”，主要是指不要“过度”。因为学生对地域文化是感兴趣的，但如果引导、处理不当，他们可能不能准确领会作品的本来寓意，另一方面可能游离教学的重难点。课堂的生成，一定要引导好。

（三）重视语文活动课程

丰富多彩的地域文化，是进行语文本土学习的重要资源，学校进行丰富多彩的校本课程、语文实践活动，都是学生增强地域文化学习的最好契机，教师要善于组织引导学生进行这方面的研究与探讨。教师如果重视语文活动课堂，一方面会增强语文课程的综合性、实践性的现实意义，另一方面可以极大提升学生学习语文的积极性。

（四）注意地域文化教学的延伸

如果仅仅局限于狭义的地域文化教学，教材的融注率是不高的，其实，教师完全可以将地域文化教学进行必要的延伸。这种延伸，大致有两个方面：一是从本地域延伸到其他地域的文化，这里是横向延伸；二是从本地域文化延伸到中华文化、世界文化（因为中华文化相对于世界文化来说，也是地域性的；而世界文化，相对于宇宙世界，也是地域性的），这里是纵向延伸。

（五）注意文化教学内容的难易度

文化博大精深，地域文化也是这样。教者要善于根据学生的认知水平和实际能力，以教材为蓝本（可以控制地域文化的学习内容），进行必要的地域文化引领，这种“必要”，就是难易度的把握。如果教者讲授得过于简单，就会肤浅无趣；如果讲解得过于艰深，学生则很难理解和接受。一个优秀的教师，应该首先弄清该教给学生哪些地域文化，其次是能难易适当地向学生传递地域文化，如此教学，才是有效的。

第三章　地域文化与中学阅读教学

墨西哥剧作家、电影导演萨比纳·贝尔曼在谈到电影反映本土文化的重要性时说："电影是现代人讲故事的方式，它最受欢迎，影响最广。没有本土文化的国家就像没有镜子的房子，住在里面的人无法看到自己，无法重新塑造自己。更糟糕的是，如果一个房子里的镜子照出来的都是别人的形象，这些形象只会让房子里的人感到不适与陌生。"地域文化的重要性首先在于它有助于学习者形成清晰的自我意识。再说，任何作家都不可能完完全全地把自己与其在生活地域的文化经历割裂开，抹杀地方文化在他身上留下的痕迹，正所谓鬓毛虽衰而乡音难改，世事消磨而镜湖旧波。所以解密他们作品中具有地域文化特色的内容，无疑会为阅读者新开一扇窗户。很多入选初高中语文教材的文学作品带有浓浓的地域文化色彩，对这类作品的解读如果仅局限于一般意义的诠释，可能会导致理解抽象化、符号化；如果能更好地解读文章中隐含的地域性文化密码，则会有利于加深我们对文章的理解。

一、地域文化与阅读教学的功能

（一）有助于激发学生学习语文的兴趣

现代认知心理学家皮亚杰认为，学习是一个积极主动的建构过程，人的认知结构不是纯先天的、固定不变的，而是通过学习的过程不断地形成、发展，不断地进行自身建构的。学习是主动地根据先前的认知结构选择知觉外在的信息，不是被动地接受外在信息；学习是在先前认知结构基础上建构当前事物意义，一切新的学习都是在某种程度上利用以前的学习或建立在以前学习基础上的。中华文化博大精深，各地域文化正是中华文化母系统中的子系统，是中华文化的重要组成部分。而学生正是在不同的地域文化中成长，地域文化与学生的生活息息相关。在教学中，如果我们能充分利用课文中的地域文化信息，就能缩短教材内容与学生现实生活的距离，使教学内容更加具体、亲切，能激活学生的思维，激发学生的学习兴趣，使学生主动学习，并能营造一种生动活泼的教学氛围。

（二）有助于学生更全面深入地理解课文

对于语文课堂教学来说，地域文化构成了语文教学的背景——地域文化背景。语文课堂教学与地域文化背景犹如一幅画的主体和背景，是两个相对而言的概念。正如画的主体和背景都是这幅画的组成部分一样，语文课堂教学和地域文化背景都是语文教学的组成部分。背景的呈现和烘托有利于对主体的理解。例如鲁迅的《阿长与〈山海经〉》，文中说“但是她懂得许多规矩，也大概是我所不耐烦的”，这些规矩其实就是江浙一带的民风民俗。这些民风民俗在日常生活中具体表现为一些讲究、规矩和做人的道理。这些烦琐的规矩、令人头痛的讲究，是违背儿童爱好自由的天性的，所以“我”才会认为这些是“我所不耐烦的”。而对于一个目不识丁的农村妇女，这些正是她日常遵循的生活方式，教给孩子这些规矩正是她爱的一种表现，这里潜藏着一片爱心、一番苦心、一个朴素的出发点即希望“我”好。经过这样对文章中的地域文化背景的分析，学生对文章的主题的理解会更全面更深刻。

（三）有助于扩大学生的知识面

中学语文教材中携带的地域文化信息极其丰富。这里有汪曾祺的《胡同文化》、老舍的《茶馆》，为我们展现了古都北京独特的建筑文化和这里人们世世代代的生存方式。那一条条四通八达的或正或斜的胡同，以及由此串联起来的一座座或大或小的四合院，交织成一幅幅生动而又古老深沉的京都画卷。茶馆里除了弥散着茶香、充斥着字正腔圆的京腔京韵，还映射出老一辈北京人的生活境遇。《苏州园林》里的亭台轩榭、假山池沼、花草树木向我们展示出一幅幅别出心裁、匠心独运的文人写意山水画，也向我们昭示了“上有天堂，下有苏杭”的真实内涵。展示吴越深厚文化底蕴的还有周密的《观潮》，这里吴中健儿潇洒自如的弄潮表演怎不令人叹为观止！这里还有“浓妆淡抹总相宜”的西湖、“夜半钟声到客船”的寒山寺，还有“烟笼寒水夜笼沙”的秦淮河畔。刘成章的《安塞腰鼓》仿佛让我们看到了古老的黄土高原上年轻后生们朴素而豪放的性格、憨厚朴实而又悍勇威猛的个性，而贺敬之的《回延安》又仿佛让我们听到了这里信天游高亢雄浑的深沉回荡。《敕勒歌》则为我们描绘了“风吹草低见牛羊”的北国画卷，岑参的《白雪歌送武判官归京》展示的是“忽如一夜春风来，千树万树梨花开”

的塞外雪景，等等。

（四）有助于学以致用，培养创新能力

新一轮的教学改革针对以往教学内容“繁、难、偏、旧”的状况，加强了课程内容与学生生活、现代社会和科技发展的联系，关注学生的学习兴趣和经验，目的是促使学生把知识转化为能力。在教学中，充分挖掘地域文化因素，能激发学生兴趣，培养学生能力。何立伟的《白色鸟》，蕴含了丰富的长沙本土文化，如马齿苋炒辣椒、烧包谷、绿豆稀饭等饮食文化，其中还有许多的本地方言。学习这篇课文，在理解文章主题的基础上，让学生在生活中搜集本地的风俗文化信息，可以激发学生的兴趣，提高学习能力。沈从文的《边城》，作者既致力于河岸旁的吊脚楼、水上小小篷船、油坊、水车以及服饰等表层直观的地域文化的描写，更着力于湘西文化结构中包括宗教、歌谣、传说、婚丧仪礼、年节风俗等深层文化蕴含的呈现，尤其是其中独具湘西地域特色的“走车路”“走马路”的求爱方式。学生在感受这浓郁的湘西地域文化的同时，教师可以指导他们以搜集湖南民俗文化为题开展研究性学习。

（五）有助于自我意识的形成和个性的发展

地域文化的潜在性特征使得生活于其中的人往往对各种习俗熟视无睹。而地域文化的教育有助于人认识自己，形成明确的自我意识。例如，通过湖湘文化的教育，使学生了解湖湘文化的历史渊源，了解本土的地域文化性格，使学生能更清晰地认识自己。通过对本土山水风物的认识，可以使学生更好地置身于其中，并加强对身边人事的理解和沟通。地域文化作为一种重要的语文教学资源，既为学生提供了重要的语文课程解释的视角，也为学习者提供了个性发展的土壤。学习的过程是意义生成的过程，意义生成的机制在于不同文化视界的融合。不同的地域文化具有自己与众不同的地方，这就为学生提供了不同的解释视角，从而为文化的创新提供了可能，为个性的发展提供了可能。

二、地域文化与阅读教学的方法

（一）实地考察阅读文本内容，感悟地域文化

作为语文教师，应该首先了解本土文化，研究本土文化，向本土文化学习，不断用本土文化浸染自己的语文教学，让学生在本土文化的滋养中提高人文素养。地域文化文本通常是与教学师生的生活环境息息相关的，那么我们在进行阅读教学的时候，自然可以实地考察文本内容，感悟文本的意蕴。

比如，《东方风来满眼春》这篇通讯反映的是邓小平同志南巡讲话，针对的是深圳的改革开放，作为珠三角的学子是有很直观的感受的。改革开放表现在城市建设的日新月异，城市的现代文明十分发达，具有其他地域不可比拟的优势。学生如果进行实地考察，通过某些乡镇的今昔对比，对某些亲历者的调查采访，可十分生动地凸显这篇通讯在改变深圳这座城市之中的关键性的历史意义，就会明白深圳人为什么那么敬仰邓小平同志，为什么将他的画像、字迹等内容展示于深圳街头。通过实地考察，学生会进一步了解深圳人集体凸现出来的岭南人文精神。因为案例就在自己的身边，一篇看似充满政治气息的课文，却在学生心中演绎出非常感性的地域文化认知，这就是新教材关注地域文化因子，有意识让学生在母体环境中学习语文的初衷吧。

又如，在学习教材中《诗经》的篇章时，周口地区教师可以向学生介绍产生于本地区《诗经》中的重要组成部分《陈风》，结合周口地区的人文社会资源、风土人情等，指导学生细读文本，从而加深学生对地域文化的认识。

再比如，李白的“蜀道难，难于上青天”引起了我们了解富饶的巴蜀地区的兴致，李商隐的《夜雨寄北》就为我们展示了这一地域神奇的巴山夜雨特征，还有诸葛亮的《出师表》更为我们解说了这里的人文历史。中学语文教材简直是各种地域文化的大熔炉、大集聚。而这些脍炙人口的美文，给各地的师生带来了亲密接触本地文化的契机，随着各种版本教材的地域文化意识的加强，这种贴近本地域文化来学习语文的方式将更为明显。

（二）间接感知其他地域元素，提升鉴赏品质

教材中出现的非师生所在的地域文化，如果我们也能够从地域文化的角度入手，间接感知到地域文化元素，自然会提升阅读鉴赏的品质，让课堂教学别有韵味。在古诗词鉴赏中，地域文化的差异会因时代的间隔而影响学生的阅读。比如李煜的《捣练子令》，如果仅把“断续寒风断续砧”的“砧”理解成“捣衣声”，学生很难体会到本诗的意旨。“捣衣”这种民俗活动在20世纪70年代陕西部分地区仍然存在，如今却很少见。中国古代，尤其关中一些地方，每逢秋风兴起，家人就要为征戍他乡的亲人赶制棉衣，他们用杵在捣衣石上捶打，使米浆进入布料。所以古诗中“砧”或“捣衣”一般象征闺妇的思亲怀远之情。张若虚的《春江花月夜》里就有“玉户帘中卷不去，捣衣砧上拂还来”。这样来讲古诗词，必然会给课堂带来别样的韵味，而在古诗词中，这种体现地域文化特点的意象比比皆是，不胜枚举。

现代文阅读中，通过对地域文化密码的破译，我们也可以加深和拓宽对文章的理解。在教学朱自清的《背影》时，教师往往引导学生去分析文中对“父亲”的动作、衣着、体态的描写，从而去体会父亲对儿子的爱。其实，我们还可以引导学生思考，为何作者单单选取“买橘”这一场景呢？原来，此文能把父爱子之情表现得淋漓尽致，实因文中暗含了扬州特定的“买橘”习俗。扬州一地，大年初一清晨，主妇须将事先准备好的橘子分发给全家老幼，这是新年第一件庄重而愉快的事。扬州话，碰上好运叫“走局”，好的运气叫“橘气”。“橘”和“局”谐音。橘子的清新鲜爽的气味，俗称“橘气”，故而赠人以橘便意味着把好运气馈与对方，希望吃了橘子的人，处处走运，事事遂心。父亲临别前为儿子买橘，这其中蕴含了父亲爱子的一片无以言表的深沉，凝聚了父亲的挚情痴爱，特别是在“家中光景是一日不如一日”的境况下，更是寄托了一个迂执的父亲对儿子的良好祝愿。通过对这一地域文化的民间风俗的揭示和分析，学生能更好地领悟文中人物的内心情感，更好地感受到“背影”所包含的浓浓的父子的深情。

教材的语言材料毕竟是固态的、有限的，地方方言本身既是普通话词汇的主要来源，是普通话保持活力的源泉，又是动态创生的，具有无限的延展性和包容性。各地人民在劳动生产、文化生活中，创造了丰富的具有地域风情的语言形式，其中包括词语、谚语、歇后语，它们或短小精练、含蓄隽永，或形象生动、风趣幽默，具有蓬勃的生命力，表现出原生态的韵味。例如 20 世纪 50 年代出版的《上海民歌选·瓜不离秧》（初版）第 62 页有这样一段话：“瓜不离秧，孩不离娘，中国人民离不开共产党。”我会想把“孩”改成四川方言的“娃”，鄂方言的“伢”，北方方言的“丫”，从修辞的角度看会比原文高出一筹。

很多作家用方言写过文学作品，如晚清韩邦庆的《海上花列传》。老舍认为：“与其用减了成色的国语，不如用原封不动的土话。半生不熟的国语是患了贫血病的语言，即使运用得好，也不过像桐城派文章那样清瘦脆弱，绝无蓬蓬勃勃的气势。”他的作品《骆驼祥子》《龙须沟》《茶馆》就以地道的北京市民阶层的日常生活语言为基础。当代作家方方的“汉味小说”，一方面直接从武汉平民生活中汲取活生生的方言作为小说中人物的对话，给人以生活的原质感，另一方面努力自然地化方言为别具表现力的“汉味文学语言”。语文教材中鲁迅的作品，也有着浓郁的江浙地方色彩。《社戏》把“唱得没了兴致”，说成“懈了”，把“空地”说成“白地”，把“回家看望父母”叫作“归省”，把“已经出嫁的女儿”叫“姑奶奶”，把“过夏天”叫“消夏”，把“游泳”叫“凫水”，把“会某种技艺的人”叫“好手”，把“礼节”叫“礼数”，罗汉豆长得茂盛叫“旺相”等，这些吴越方言表现出一种独特的隐喻效果。

（三）结合地域特色阅读文本，加深文本理解

如果是师生陌生的地域文化，在教学过程中可以结合本地的地域特色，对照阅读文本的相关内容，加深对文本的理解。例如一位湖南的教师在教学鲁迅的《祝福》时，根据文中所写的“祝福”情景，要学生思考湖南本地过年有哪些习俗与文中的内容相似或不同，学生一下子就来了兴趣，纷纷发言，很快缩短了语文教材与学生生活之间的距离，课堂气氛也随即变得活跃起来。通过比较，学生知道本地过年的习俗与江浙一带的习俗大同小异：从小年起，人们便开始忙过年：扫房子、贴春联、办年货、杀鸡宰鸭，再到细心地准备年夜饭、一家人吃年夜饭、互相祝愿、放爆竹辞岁、给小孩子压岁钱、亲朋好友之间互相拜年等。这样一引导，使学生很快地进入文中“祝福”的情景之中去，老师接着引导学生去思考作者为什么要将祥林嫂的悲剧人生放在“祝福”的环境氛围中，学生很快就能理解其中蕴含的深刻道理。兴趣是最好的老师，在兴趣中学习，一切教学中的重点和难点都会迎刃而解。

再比如，一位兴化的教师，在教孟子《寡人之于国也》时，讲到了孟子的民本思想，该教师抓住这一切入点，巧妙地引入体现郑板桥民本思想的诗词，迁移学习内容，如引出郑板桥的《潍县署中画竹呈年伯包大中丞括》：“衙斋卧听萧萧竹，疑是民间疾苦声。些小吾曹州县吏，一枝一叶总关情。”让学生阅读体会其与孟子思想的相似点，感受这一思想的传承。通过这一独特角度的分析，学生会被深深地吸引住，在他们钦佩的目光中，教师也感受到了自己的视野因地域文化而开阔；而学生在啜饮知识琼浆的同时，又受到了价值观的教育。又如一位广州的教师，在教《碗花糕》时，讲到了“嫂子”制作碗花糕的过程，就发动学生研习一下粤式糕点的做法，讲一讲自己最喜欢的糕点，以及有没有动人的故事。这样一来，学生们的“胃口”大开，这节课上得风生水起，令人难忘。

（四）围绕作家所处地域特色，理解阅读文本

研究作家，也可从相关的与地域文化关联的文本入手。比如在讲到苏轼词词风的时候，可以引入相关地域文化知识：在苏轼以前，词本为“艳科”，女性容貌、男女相思是最重要的题材。软媚的调子是词作为一种文学体裁相当稳定的规定性风格。这种题材上约定俗成的规矩与豪放的风格有着遥远的距离。然而，苏轼却将“豪放”与本属“婉约”的词体统一在了一起。这种统一，固然离不开苏

轼横溢的才华，但当我们考察苏轼的宦迹行踪的时候，我们会发现，豪放词的出现，不可否认受到了地域文化的强烈影响。较之诗文，苏轼开始词的创作较晚，在杭州任通判期间才开始大量作词。杭州清丽秀美的西湖山水、发达的城市经济、市民世俗的享乐方式与华美锦丽的词风显得相当合拍。这一时期，苏轼词风一样属于这一类型。

但在熙宁七年年底，苏轼离开杭州到山东密州任知府，直到熙宁九年底。在密州两年，苏轼词的创作进入一个非常关键的转折时期，词风“一扫绮罗香泽之态”。《江城子·密州出猎》《水调歌头·明月几时有》等脍炙人口的名篇就产生于这一时期。究其原因，这一词风的转变与密州的民风及文化传统有着密切的关系。首先，密州儒学相当兴盛。其次，密州一带的民风朴鲁纯真，“不知嬉游”，而且在北宋这一带的人们以强悍勇武闻名。深沉厚重的儒学传统，会促使作者在词中更多更深地寄托自己的政治抱负；纯朴而“不知嬉游”的民风，也会促使作者进一步减少词这种体裁中固有的脂粉气；而以习武知兵为目的的围猎活动、慷慨悲歌的文学传统无疑更有助于作品豪壮风格的发扬。可见，密州特定的文化环境直接影响了苏轼词风的改变，并由此而开创了宋代豪放词风的先河。

（五）借助语文活动与实践课，提升阅读厚度

语文的其他课程形式，充满了地域特征，利用好这些新形式，也会提升阅读教学的质量。例如教学高中语文第一册的“综合性学习”《民居文化》时，可根据课文设计，让学生了解本地民居：通过实地观察、丈量、绘图、拍照、查阅资料、访谈等方式，调查民居的位置、环境、朝向、形状、质地、色彩、室中摆设以及配套设施的安排等，进一步了解这些特征与当地的地理环境、历史传统有无联系。还可组织学生调查古街古巷，丈量街巷的长度，观察其朝向、建筑风格，进一步了解这些街巷的历史演变、人们的生活方式等。通过活动，学生定会发现这些街巷都是悠久历史和深厚历史文化的见证，更是本土地域性特征的重要展示。通过研究性学习，还可以开展以“某某名字的来源”为题的活动，学生通过调查走访，查阅资料了解本地的历史渊源。

条件允许的，还可以“本地方言”为题，让学生考察本地的俚语、俗语、谚语及本地流传的众多民间故事、神话故事、历史故事等，还可进一步考察本地人的服饰、建筑、岁时节日、传统信仰、人际交往等。还可开展“搜集与本地有关的古诗文”活动。还可组织兴趣小组，集体活动，调查自然景观和人文景观融于一体的名山，进一步了解本地人与此山的情结，了解本地文化的发展脉络。所有

的这些研究性学习，通过资料的搜集、整理、提升，以及讨论、交流，相信学生对本地文化会有一个多角度的深入的认识。这样的活动能激发学生的兴趣，激活学习机制，提高学生的能力，收到全方位的效果，使得阅读教学充满厚度。

（六）借助“以写促读”方式，提升阅读广度

以写促读，是一种创新的阅读方法，如果能与富有特色的地域文化结合，自然会让阅读效果提升。比如，广东的阳江素有“文化之乡”的美誉，历史上名人辈出。有位教师结合选修《人物传记》的教学，引导学生把目光集中到本地域的名人中来：“大家都知道著名国画大师关山月、《一万个理由》的演唱者郑源是我们阳江人，除此之外你还认识多少家乡名人呢?”教者拿出大学课本，问道：“大家知道老师的大学课本《现代汉语》是谁编著的吗?”随之引出了著名语言学家黄伯荣，教者这一问，学生寻找家乡名人的兴致一下子被提起了。为了更全面深入地开展寻找家乡名人的活动，展示成果，教者模仿电视节目录播的形式让学生做一期《寻家乡名人足迹，学家乡名人精神》的电视节目。学生热热闹闹地行动起来，根据个人的兴趣爱好，分好角色（主编、记者、电脑制作员、主持人等）去寻找各个领域的家乡名人：喜欢历史的介绍南朝越族首领冼夫人；爱好书画的介绍黄安仁、苏天赐；喜爱诗词的介绍阮退之、谢绍祯；喜好音乐的介绍何士德、冯国栋；等等。优秀稿件正是一篇篇优秀的人物传记，教者将这些优秀成果展示到教室后面的《学习园地》中，大家在欣赏杰作的同时感受到名人的精神品质并深深地为阳江名人而自豪，随后进行《人物传记》的教学，就显得轻松而富有成效。

同时，该位教师在教《高中语文·必修三》的《感悟自然》时，引领学生走进千姿百态的大自然中，培养学生热爱自然、关注自然的美好情感。作为中国优秀旅游城市的阳江有着丰富的资源：千年古船“南海一号”、“中国最美十大海岛”海陵岛、“南国第一名胜”凌霄岩，还有阳江温泉、白水瀑布、八甲仙湖等等。于是在这一单元的扩展学习里，教者组织了《阳江美景推介会》活动，引导学生亲近、介绍身边的家乡美景。学生们各出奇招：有的配图讲解，有的唱山歌宣传，有的以小品形式介绍，更有学生介绍家乡一些没有开发的自然景观，呼吁大家跟随他去旅游等。学生在参与的过程中提高了对自然事物的观察和体会，感受到自然界的生机，并提高了对于美的感受力，这都是借用地域文化促进语文课堂教学的范例。

（七）借助地域特色语文课程，提升阅读宽度

在现阶段，有些特色学校的特色科组，创设了很好的校本课程。校本课程是最能体现地域文化（包括校园文化）的课程，在此单独提出，给予强调。比如，有学校利用晨读时间，除了让学生朗读背诵规定课文外，还编写了本地域著名人物的诗、词、文章印发给学生诵读。比如我们佛山的教师们编印了《孙中山文选》《梁启超文集》等校本读物，要求学生对孙中山的成长史、梁启超的爱国精神耳熟能详。通过诵读，学生于潜移默化中了解了孙中山、梁启超对民众受苦受难的悲惨生活的同情与关注，对国家社稷前途的忧思，感受到了其民本思想的光辉。比如作为湖南兴化的教师，利用地域资源编印了《板桥对联选读》《板桥诗词选讲》等校本读物，要求学生对郑板桥诗中的七古《悍吏》《私刑恶》，五古《孤儿行》《后孤儿行》《姑恶》《逃荒行》《还家行》《思归行》等诗歌全文背诵。通过诵读，学生于潜移默化中了解了郑板桥对民众苦难生活的同情与关注，感受到了其民本思想的光辉。同时，增加了学生的文化内涵，陶冶了情操，增强了学生爱家乡的情感，达到了以教育传承文化的目的。

第四章　地域文化与中学写作教学

针对目前广东中学写作教学现状，尤其是针对作文教学中存在的一些问题，我们不妨从中学语文新课程标准中寻求疗方，尊重语文的本质，真正认识我们的作文教学。

《高中语文新课程标准》在“课程性质”上将“语文”定位为“是重要的交际工具，是人类文化的重要组成部分”，要为学生的终身学习和有个性的发展奠定基础。在基本理念上要“全面提高学生的语文素养及整体素质，要使学生通过优秀文化的浸染，塑造热爱祖国和中华文明、献身人类进步事业的精神品格。要注重语文运用、审美与探究能力的培养，应在继续提高学生观察、感受、分析、判断能力的同时，重点关注学生思考问题的深度和广度，使学生增强探究意识和兴趣，学习探究的方法，从而提升文化素养”。

“新课标”同时强调课程应联系学生生活，“加强语文实践，沟通古今中外，提供丰富的语文营养和多向度发展途径”。在思路设计上，强调“要在阅读鉴赏中体会中华文化的博大精深，追求高尚情趣，提高道德修养”。关于“运用拓展”，要“增强文化意识，重视人类文化遗产的传承，尊重和理解多元文化，关注当代文化生活，学习对文化现象的剖析，积极参与先进文化的传播和交流”；关于“发现创新”，要“注意观察语言、文学和中外文化现象，学习从习以为常的事实和过程中发现问题，增强探究意识和发现问题的敏感性，提高探究能力和探究成果的质量”。这之中，对文化的体验、感知、传承，又成了不可忽略的思想密码。

这些关于语文本质的论述，强调了“以人为本”“以生为本”的思想，在作文教学中，应该修正传统的写作教学模式，充分调动学生的写作内在动力与积极性，淡化写作教学的功利思想，不要简单化处理作文教学。教师应该不断提升自身的语文素养，做好作文教学的引领者，摈弃一些陈腐的教学方式，真正把作文教学纳入到教学日程中来。从学生方面说，应该加强对生活的体验与认知，丰富自身的生活，自觉提升自身的作文能力。

一、地域文化与中学写作教学

从写作指导到写作评价，“新课标”在一定程度上体现了一个共同的文化导向：即尽可能减少对写作的束缚，为学生提供一个广阔的文化阅读、理解、思辨、传承与交流的空间。

（一）本源观：从理念本源趋向文化本源

学生们往往修成了一种“火眼金睛”：这样的题材该往哪个角度写，那样的题目又该如何立意，似乎很有一种洞察力。他们的经验从哪儿来的呢？这大都源于老师传递给学生的写作技术。在作文应试的背景下，很多老师让学生恪守一些基本的写作理念而忽略了学生作文自由自主的思想，从而使很多学生的作文呈现出大众化、平庸化的主题。而在这样的写作教学的具体实践中，包括学生的立意、选材与缀词成篇和教师的审阅批改、组织讲评等一系列操作环节，常常从这些理念出发，这样“成功”的作文往往多是宣扬某种理念的翻版，教师的指导则异化为促成翻版的催化剂。长此以往，教不为学，学不为用，学生越来越厌倦写作文了。

叶圣陶老先生早说过：“生活充实，才会表白、发抒出真实的深厚的情思来。”写作应以生活为本源，而生活离不开与学生具有“一衣带水”关系的文化环境，学生应在文化生活中去体验和感受。笔者认为，在地域文化视野下的教学，其过程的重心是关注文化，帮助学生获得文化知识、文化信息和文化感受，这些将使他们更加建设性地对付“文化的现实世界”。而这一切，根本不是凭借教师对知识的传授和理念的灌输就能实现的。因此，笔者提倡从文化生活中来，到文化生活中去，把学生培养成具有文化视角的人，从而成为能顺应社会文化生活要求、能充分发挥作用的人。语文“新课标”也清楚地阐释了写作的本源问题：“教师应鼓励学生积极地参与生活，体验人生”，“多角度地观察生活，发现生活的丰富多彩”。先有文化生活及体验，并引以为作文素材，然后才有文化思想和感悟。

（二）思维观：从封闭僵化趋向文化引领

传统的应试写作模式大多片面地追求“文以载道”，限制了写作个体心灵的自由活动。翻开作文本，常常千人一面，思维上大同小异，缺乏新颖超拔之意，鲜见个性的彰显飞扬。为了真正把学生摆在主体地位，我们应真正落实“新课标”所提出的“重视发展学生的思维能力，发展创造性思维”的理念。

在这种理念的指引下，我们进行地域文化视野下的作文教学，是一种由封闭僵化向文化引领的过程。首先要鼓励思维内容上的创新。这需要教师自觉地培植学生独立的文化立场和文化人格体系，力克盲目从众；需要教师积极地发展学生独特的文化价值观和审美观，敢于打破封闭僵化的陈腐教条。如果没有这种对学生精神品格和文化心理的重构，作文的文化创新就失去了逻辑起点。其次，要鼓励思维形式上趋向发散。思维内容和思维形式是相辅相成的，倡导学生从不同角度、不同视点、不同层面去思考同一文化问题，将会使他们获得不同的文化感受和体验，即所谓“横看成岭侧成峰，远近高低各不同”。学生通过对文化的体验、感受与认知，就可能释放学生生命深处的创造性能量，发展创造性思维，才能站在文化的高点，形成由文化引领而成的思维观，进而让作文的立意显现出文化的特质。

（三）语言观：从俗语套话趋向文化语言

思维内容的标准化必将外化为语言表达的标准化。这就是作文为什么会有成人腔、为什么会千篇一律的原因。“新课标”提出“准确、鲜明和生动”的语言要求，就是呼吁语言表达不单要到位，还要表达得好，而不是俗语、套话、人云亦云。我们知道，真实的个体生命之间是充满着独特性和差异性的，因此，只要是“属于自己”的，属于本土文化生命的语言就会闪烁着个性色彩，就是最具有个性的别致的语言。当然，学生作文语言的灵性缺失，也受教师缺乏生动语言的影响。比如在阅读分析中，提到人物形象，常常是“如见其人，如闻其声”“栩栩如生”“个性鲜明”之类的评价；说起景物描写，“抓住特点”“层次井然”“情景交融”“有声有色”等语汇常常从我们的语言库存中跳出；讲到叙事性文章，常常会总结出诸如“小中见大”“详略得当”“一波三折”“巧设悬念”“首尾呼应”等写作特点。至于写作教学中的“话语套子”更神通广大了，别的不说，有时只看看作文本上的评语就知道了。

教师和学生如果从生动活泼的地域文化中去寻找语言的生命价值，在鲜活的地域文化中去淘洗语言的精髓，在作文中有意识地摆脱俗语套话，以文化的语言精华去实现作文语言的生动性与趣味性，这种研究将更具价值了。

通过思考，笔者逐渐形成了地域文化作文教学的基本支撑点：

1. 突出以地域文化独特的精神内核作为立意的角度

我们身在其中的地域文化，其精神内核是最能代表本区域民众的共性的，也是最能感染读者、形成共鸣的。将写作立意的角度定位在地域文化独特的精神内核上，可以充分调动我们的生活体验与感知，凭借耳熟能详、耳闻目染的鲜活体验与感悟，深入细致地去解读、剖析文化背后站立着的精神和灵魂，从而可以胜利地从“假大空”之类的作文中突围。

2. 突出以地域文化多样的表现形式作为素材的选择

我们身在其中的地域文化，其多样的表现形式，无疑成了中学生作文的最鲜活的素材来源。无论是衣食住行，还是待人接物，这些耳熟能详的文化现象，学生都直接间接地体验经历过；有些文化民俗、文化掌故、文化品牌、文化节日、文化经典、文化建筑、文化景观等，学生可能直接参与、认知、感受过。实际上，这些都可以作为作文素材，写进我们的作文，因为有自己的感受与认知，这样的素材也最容易写得深入，让素材发挥其应有的热量。

3. 突出以地域文化亲切的语言精华作为生动的实录

我们身在其中的地域文化，其经过时间淘洗而存留下来的语言精华，无疑可以引以为我们作文的语言生动的实录。比如广泛流传于本地的歇后语、俗语、格言、地域童谣、地域口头禅、地域经典台词、经典俚语，都可以从文化的角度去援引，去生发，去彰显。因为这些语言为老百姓口口相传，雅俗共赏，如若把这些带有文化因子、文化细胞的语言带进我们的作文，则可增强文章的趣味性、生动性，也会产生应有的感染力。

二、岭南文化与中学写作教学

（一）立意：着眼于岭南文化的内核

任何文化现象背后总站着对应的文化精神。现实生活中产生的文化问题常常是某种文化精神的缺失。“精神”是一篇文章的灵魂，而作文的立意离不开老师的引导，正如钱理群所说：“中小学写作教育不同于一般意义上的写作活动，它同时又是一个教育活动，具有一些不可忽视的特点：既是教师指导下的写作，又是学生群体中的写作。因此，必须重视发挥教师的指导作用与学生群体的作用，使写作成为师生互动的生命过程。”对于学生的岭南文化作文的立意，教师可以从以下一些角度去指导：

1. 指导学生理清岭南文化的精神内核

岭南文化里面透射的文化精神内涵，生生不息。这里扼要论及主要的几种特质：

岭南人具有敦实开放的胸怀。岭南人主要由早期移民与古越族杂处同化而成。岭南民系文化特征以珠江三角洲最为突出，既有古南越遗传，更受中原汉文化哺育，又受西方文化及殖民地畸形经济因素影响，具有多元的层次和构成因素。由于至少从汉代开始与海外文化的接触交流不断，故岭南民系的人民，在三大民系中性格相对敦实，也相对具有开放性，比较易于接受外来新事物，敢于吸收、模仿和学习西方物质文明和精神文明，并将传统文化与之相互融合。

岭南人具有开拓创新的精神。广东得天独厚的地理条件，使它在唐宋时代已经成为我国重要的对外贸易区，以珠江三角洲、韩江三角洲为中心向外辐射。特别是清中叶以后，随着国际市场对茶叶、丝绸需求量的增加，刺激了当地商品经济的发展，除广州、佛山两大商埠外，潮汕商人的足迹，“上沂津门，下通台厦”，远至新加坡、暹罗一带，形成了当时商业系统著名的“潮州帮”（潮商）、“广东帮”。商品经济的发展，铸造了岭南文化讲求实干创新的开拓精神。

岭南人具有敢为人先的性格特征。由于最早受到海外，尤其是近代西方先进文化思想的影响，岭南人得风气之先，富有冒险、创新的气质，因而反抗性和斗争性也特别强烈。在中国近代史上，精英继出，在推翻封建帝制、建立新中国以及改革开放、发展经济中，有一种“敢为天下先”的最为宝贵的性格特征。

岭南文化精神内核还有很多，在高考作文中，尝试着勾连岭南文化的精神内核，会产生极为神奇的效果。下面，我们就2011年广东的一篇高考范文《回到原点》的片段进行一下分析。

踏着青石板路，我缓缓步入老巷的深处。映入眼帘的是久违的西关老屋。深红的趟拢门前是三级浅平的台阶，某户人家的家猫正慵懒地躺在石阶上，享受正午到来前温和的阳光。偶有微风拂过，老猫用前爪轻轻拨弄脸上的胡子，发出“喵”的一声后，打了个滚又沉沉睡去。我知道，这是在喧嚣大城市的深处才有的悠闲与宁静。而我人生的起点就始于这一片祥和中。

眼泪不争气地涌出我的眼眶，我多想呐喊：这条巷子拆不得，拆不得啊！它不仅仅是我出生的地方，也是培育我温和性格的地方，更是让我感受人间温暖的最初的开端。这里的一花一草、一砖一瓦都是岭南文化形成的开始。将这里拆掉，就是毁了我的根，就是毁了上百广州老街坊的根！可是，这样的呐喊谁会听见呢？人生的原点、文化的原点与高速发展的经济，与拔地而起的大厦相比，似乎已经变得渺小了。

这篇文章，是2011年广东高考作文记叙文类1号卷，最终得分59分！是一篇当之无愧的1号卷！文章最大的亮点是对现实生活中“岭南文化”的观照。小作者先从“老巷”写到“西关老屋”，进而写“西关老屋”生活的“祥和”，写自己生活“原点”——“西关老屋”的文化磁场，是其“孕育”了我，培育了我。特别是文中的一句“它不仅仅是我出生的地方，也是培育我温和性格的地方，更是让我感受人间温暖的最初的开端”，是整篇文章立意不同凡响的所在，也是深受专家高度评价的亮点，也是本文的点睛之笔。小作者从“文化”的角度，深刻分析出了文化背后“给予我温和性格”的原因。这样的行文，就不仅仅是对故乡的简单游览，而是借助对故乡文化因子的捕捉，通过巧妙地融注，传达出了考生更高境界的视野和更深沉的有关“文化”的群体忧思，文章也因此而顿时升等。

可见，在作文教学中强化岭南文化的精神特质，学生在作文立意时常常有神来之笔，画龙点睛，不同凡响。

2. 指导学生认识岭南文化的现实问题

既然岭南文化是本土的、区域的，那么对于这种文化的认知、感受以及对待的态度与方式上，会存在极大的差异，这些差异有些是积极的，有利于岭南文化的继承与发展的；而有的是消极的，是不利于岭南文化的继承创新的。对于岭南文化面临的现实问题，主要有如下几种问题：

一是政府部门的忽视。在以经济建设为中心的当下，政府的主要注意力都放在如何提高经济效益这一“显性”的杠杆上，而常常忽略了“隐性”的本土文化保护与开发，比如在对文化遗迹、古迹的乱拆上，对文化习俗的傲慢与无视等。

二是外来文化的入侵。随着世界经济的一体化，许多外来的文化逐渐涌入岭南，并且越来越大地影响了青少年的消费心理，使得很多年轻人逐渐淡忘甚至摈弃了岭南文化，比如外来的饮食文化，以前是麦当劳、肯德基，现在是星巴克、日韩料理等。

三是民众心理的误区。在一个物质居上的社会，社会民众越来越看重自身既得的物质利益。所以老百姓在面对本土的文化现实时，要么更多地注入商业因素，要么因为无知而对其任意戕害。比如很多文化古迹的所在都成了商业街；或者在文化遗迹上恣意留下自己的“只言片语”等。后文有课例《走近经济》，读者可以参考阅读，此处举例略。

（二）素材：着眼于岭南文化的品牌

1. 指导学生进行文化素材的积累

要改变学生喜读怕写的心理，养成良好的写作习惯，首先还是要激发学生的写作热情，培养学生的写作兴趣。教师完全可以引导学生（因为针对的是中学生）关注身边的文化品牌：粤语、粤菜、粤剧、岭南服饰、岭南盆景、岭南建筑、岭南画派、岭南民俗……教师稍加点拨，学生立刻心领神会。原来，岭南文化就在你我身边，衣食住行、待人接物、风俗习惯、节日仪式均可成为你我关注的对象。但是，令人忧心的是，广东背负“文化沙漠”的恶名已久，岭南文化向来被排除在主流文化之外。而事实证明，岭南文化历史悠久、博大精深。作为广州人，我们有责任也有义务纠正曲解，建言献策，为岭南文化正名。学生一旦确定了素材走向，就可定向搜索。

2. 指导学生学会使用岭南文化素材

通过一段时间的素材搜寻、立意训练，学生再把写作触角融入到一般性的作文训练中，并且结合考场作文，进行岭南文化角度的选材立意，将逐渐产生很好的效果，具体说来，岭南文化素材的使用有三种操作方法。

（1）在叙事中融注文化现象。学生如果直面岭南文化作文，当然会直接使用有关岭南文化的素材。而如果是平常的作文（即没有文化素材意识之前），可以有效地融注相关的文化现象，使自己的文章因为岭南文化素材的介入，而更加真实、真切，也更加动人。比如：有同学在写“悄悄”这篇命题作文的时候，就结合岭南特有的临海地域特征，写出了极富岭南文化特征的优秀作文，我们来看这一段：

> 后来奶奶告诉我“真经”，杂鱼汤的选料、火候、步骤都很讲究，选鱼要选文鱼、活米鱼、金古鱼、银米鱼、泥鳗鱼和流鲳鱼，其他种类的鱼不要，把水煮至八分熟，放入鱼和姜丝，盖上盖子后，等到看见有烟冒出来，就往里放入一条新鲜的虾；待到水开了后，放入盐和盐稀，一分钟后熄火，并让锅放在炉子上静置 4 至 5 分钟，这样煮出来的汤才鲜甜。

文章没有华丽的词语，却充盈着深沉的岭南文化内涵。这一碗不平凡的汤，却是“我”喝了再多也依然留恋的汤。作者运用的语言朴实，却饱含着深情，因为“杂鱼汤”串起了奶奶悄悄的爱。在这里，岭南文化（美食文化——鱼汤）素材的融注，让一个平平凡凡的奶奶变得更加真切、真实，文章更富有感染力。

（2）在抒情中设置文化背景。写人叙事，我们要抒发自己的感情，如果将这些人与事置于大家熟知的岭南文化背景之下，那么这些情感会因为自己生于斯、长于斯而更加生动，更加感人。比如有个学生写“怀念”这篇作文，就给文章设置了一个“年例”的文化背景，来怀念外公的可亲与可爱。我们不妨来看下面几段：

> 年例是农村除了大年初一以外最喜庆的日子，不同地方过年例的时间也不同。每到年例，每户人家都要聚回来，杀鸡祭神、祭土地爷。另外，村里也会举行游神庆典，各路“神仙”扮相各异。庆典中的“瑞狮”会到家家户户去拜年，并会留下一个红包，祝愿来年一帆风顺。
>
> ……又一个正月十七，……随后外公拍了拍我的肩膀，说：“孩子啊！要好好读书，长大才有出息哪！”我低着头“哦”了一声，点点头，完全没注意外面噼噼啪啪的鞭炮声。
>
> ……现在，外公不在了，对外公的思念因为正月十七而更加深刻。我爱我的外公，因为每年见到他的时候，他总是给我全部的爱！

这个片段，因为将“外公”置于“年例”的文化背景下，小作者对“外公”的怀念就更加亲切，更具有岭南人的特质，文章也就更有感染力。当然，在纯抒情的文章中，我们也可以将抒情置于岭南文化背景下，正如电影《红高粱》《大红灯笼高高挂》一样，设置鲜明的文化背景，可以给人留下难以磨灭的印象。

（3）在议论中援引文化素材。生活中存在很多关于文化的现实问题，如果学生在针对文化现象进行文化议论时，自然会叙议结合，并且会传递相应的文化责任和文化担当，里面自然也会关涉到文化素材。比如，有位学生在一篇题为“忧思”的作文中，是这样使用文化素材的：

> 犹记得小时候，从牙牙学语起，外婆总是轻拍着不肯睡觉的我，嘴里轻轻唱着“月光光，照地堂……”我总伴随这轻柔的歌声入睡，获得一夜好梦。而外公喜欢让我坐到他大腿上，教我唱“拍大骹，唱山歌……”，稍大些，和玩伴们一起在大街上奔跑嬉戏，总少不了一起唱童谣。“点指兵兵，点着谁人做大兵，点指贼贼，点着谁人做大贼！”这可是最常提起的童谣了。

可是在现今不少“00后”之中，流传已久的粤语童谣似乎失去了它的魅力。有次我让我5岁的表弟唱他最喜欢的歌给我听，他不假思索地开口：“喜羊羊，美羊羊，懒羊羊，沸羊羊……”一味注重推广普通话教育，传统的粤语文化还能一代代传承吗？逐渐消失，难道就是粤语童谣的最终命运？衷心盼望下一代乃至更一下代可以把这岁月流转中渐行渐远的熟悉韵律传承，使其口口相传，经久不息。

这篇文章从现实的粤语童谣遭到普通话的冲击入手，表达了小作者对本土文化的忧思，读来让人倍感亲切。这样的素材使用，视角新颖，体现了考生难得的文化担当。

有了较强烈的岭南文化素材意识，学生在平时作文、考场作文中，都能自觉地向岭南文化方面进行牵引、拓展，文章也因为考生具有鲜活的生活体验、感受、认知，也进而能深入地切入文化内核，进行文化方面的思考与开掘，再加上老师的指导、引领，我们的文化作文教学，出现了很动人的气象。

（三）语言：着眼于岭南文化的生动

中学的写作教学，虽然采用的是规范的普通话，但是作为岭南学生，在写人叙事、抒发情感，甚至发表议论时，很多具有岭南文化韵味的生动语言，也可援引进来，增强文章的生动性、趣味性，令语言的表达更加充实、亲切。

1. 粤语童谣。无论粤语童谣还是国语童谣，从意义上来说都是一样的。童谣是为儿童作的短诗，强调格律和韵脚，通常以口头形式流传。许多童谣都是根据古代仪式中的惯用语逐渐加工流传而来，或是以较晚一些的历史事件为题材加工而成。童谣的特点：一是朗朗上口，通俗易懂；二是有趣、好玩，孩子们感兴趣。当中有许多童谣的歌词反映的都是当时的社会风俗和习惯。在作文中关涉粤语童谣，自然会增进文章的趣味性与生动性。

2. 粤语口头禅。口头禅是区域民众在长期的生活实践中，自觉形成的口头用语。比如粤语中的“点睇、老细、有米、唔该、湿湿碎、有冇搞错、顶硬上”……就能显现出岭南人机智幽默的市井人物的心态，展示出珠三角地区浓郁的商业气息和在这种地域文化中培养出来的兼容并蓄、宽容进取、乐观豁达的民性。

这是我教的二（8）班的李云宇同学《回忆我的阿婆》中的两段：

我家位于粤西山区。小时候，父母下田劳作，我喜欢依偎在阿婆温馨的怀里。阿婆搂着我，轻轻哼着歌，一副非常高兴的样子。我连蹦带跳地跑去后院，摘下几颗又红又大的荔枝，让阿婆挑选后，婆孙俩乐滋滋地吃起来。

阿婆是个勤快的人，家务活大半是她干。家门前流淌着一条清澈的小溪，阿婆去洗衣服时都带上我。她一边用木棍敲打衣服一边唱，好像总有很多很多开心事。我喜欢跳到溪里捉鱼虾，因手脚太笨，只是把鱼虾赶得团团转，总是水中捞月一场空。阿婆笑呵呵地说："鱼虾比我的孙儿还聪明呢！"

这篇文章，小作者先从"古钱币"入手，写自己的"阿婆"，勾连了很丰富的岭南文化素材抑或文化因子，比如"荔枝""鸡油饭""年例""冼夫人""香蕉树"，（因节选，没有出现）这些都表明文章的视角是立足于岭南文化，传达的是一个有深厚文化情结的"阿婆"，值得"我"深切怀念，文章因为关注的是文化视角下的"阿婆"，所以体现了文化作文的思想厚度、精神含量，是远远优于一般性的回忆文章的。但是，这篇文章毕竟是初稿，在语言上还不够生动，所以通过学生的互评、老师的初评，觉得语言上如出彩，效果就会更好。通过大家的集体讨论，我们最后给该作者提出三条语言上修改润色的意见：

一是可以穿插"阿婆"唱的岭南歌谣，将"阿婆"爱唱歌表达得更为细密透彻，让文章的可读性、生动性更强；二是可以适当加入一些本地方言精华，突出"家人"对自己本真地关怀与爱；三是可以适当引入岭南的俗语、特色民俗，让这样一篇岭南文化特色较突出的文章，变得更加完美。在这三条意见的指导之下，李云宇同学进行了修改润色。下面，就将他的二、三段的修改稿呈现给大家：

我家位于佛山农村。小时候，父母下田劳作，我喜欢依偎在阿婆温馨的怀里。阿婆搂着我，轻轻哼着歌儿："一只荔枝香又甜，一粒梅子涩又酸；问你想摘哪一粒？搞掂就回我身边。"我连蹦带跳地跑去后院，摘下几颗又红又大的荔枝，让阿婆挑选后，婆孙俩乐滋滋地吃起来。

阿婆是个勤快的人，家务活大半是她干。家门前流淌着一条清澈的小溪，阿婆去洗衣服时都带上我。她一边用木棍敲打衣服一边唱："真冇修（'冇修'，指缺乏修行），实冇修，我条水裤（'水裤'即裤子）着（穿）出油。日间想洗冇得换，夜间想洗冇热头（'热头'为阳光）。"我喜欢跳到溪里捉鱼虾，因手脚太笨，只是把鱼虾赶得团团转，总是水中捞月一场空。阿婆笑呵呵地说："鱼虾比我的孙儿还聪明呢！"

这篇修改稿，我们将李云宇增加的内容加上了着重号。这里面，有岭南歌谣："一只荔枝香又甜，一粒梅子涩又酸；问你想摘哪一粒？搞掂就回我身边。""真冇修，实冇修，我条水裤着出油。日间想洗冇得换，夜间想洗冇热头。"全文还有"薄刀切藕丝不断，木棍打河水相连。送孙上学心欢喜，和孙离别心酸酸"等。有岭南语言样本："食"大米不"食"稻谷（"'食'稻谷"指务农）。要做"大世界"，光宗耀祖，回村里"威"给乡亲们看。有岭南常用的俗语、民俗特色：年例，即"年年有利，大吉大利"；头天叫"起年例"，第二天叫"正年例"，最后一天叫"年例尾"；一脚牛屎一脚泥；等等。这些生动语言样本的加入，使得文章的文化气息更为浓烈；而整篇文章，因为这些语言的魅力，读起来更加生动，更有感染力。

结合岭南文化，我们进行了岭南文化视野下的立意、素材与语言等三个方面的训练与实践，学生在两年多的练笔中，编辑成《佛山节日文化作文》《岭南文化游记》《岭南文化评论》等三本作文集子，几十万字。在平时的班主任工作中，笔者也有机地将岭南文化引进课堂，引进教学管理，形成了较浓烈的班级文化，在学校班级文化评比中名列前茅。

第五章　地域文化与中学阅读教学实录

中学的阅读教学，主要包含了小说、散文、诗歌、传记、戏剧等阅读文本，这些文本同时也是重要的文化载体，其中很多篇目充满了地域文化特色。有的篇目，看似与地域文化无关，但如果教者有较强的地域文化教学意识，那么他所执教的相关内容也必然会让人眼前一亮，收到意想不到的教学效果。笔者一直深入、执着地进行地域文化背景下的语文教学研究，对中学教材中的很多篇目——包括一些名篇，进行了地域文化背景下的阅读教学，很多课堂实录可圈可点。其中，阅读教学《秦腔》，获得2010年广东省阅读教学大赛一等奖；《五猖会》，获得2011年全国中小学文化阅读课大赛特等奖；《等待散场》获得“2012年全国名师推广课”称号；《我的家在哪里》获得“2013年全国中小学文化教学大赛标杆课”称号……有些实录课，同时作为名师外出讲学的代表课。现我将教学实录一一呈现给读者，希望对广大读者有所启迪。

第一节　散文阅读教学实录

一、散文阅读教学的方法

散文教学是中学语文教学中的一个主阵地。传统意义上的散文包括写景散文、叙事散文和议论抒情散文；时至今日，散文的分类更为繁杂，包括游记、科学小品，甚至包括一些生活杂感，都统属于散文范畴。散文因为行文自由，主张抒发作者的真性情而深受读者喜爱。在中学新教材的编写中，编写者也用相当的篇幅选入了大量脍炙人口的美文。在选修教材的编写中，“诗歌与散文”更是当作一个选修系列而被高度重视。可见，散文教学一直是中学语文教学中不可回避的教学重点。

那么，我们在各种版本的语文教材的引领下，怎样针对地域文化的特点，来开展针对性的散文教学呢？

首先，我们要明确散文的特质——形散而神不散。散文的阅读鉴赏离不开对“神”的理解与剖析。散文的“神”是散文的中心思想，而中心思想离不开作品所关联的人、事、物，即作品所写作的内容。就拿粤教版高中语文新教材来说，教材编写者结合岭南文化的精髓，充分考量了岭南文化“宏阔大气，艰苦奋斗，敢为人先”等精神内涵，教材中选入了不少的岭南名人、岭南风土人情等散文阅读文本，尤其在选修教材中，这方面的体现更为明显。所以，从地域文化内容入手来解读散文的文化意蕴，可以归纳出行之有效的教学思路。

其次，可以有意识地对文本内容进行地域文化的整合。散文的内容涉及极为广泛，各版本教材的选文在立足于传统篇目的基础上，也选择了很多体现区域特色的美文。如果能尝试着进行内容上的地域文化解读的分类，则必然会让散文教学更具有地域文化教学的系统化。我们不妨以粤教版高中语文选修教材《中国现代散文选读》为例，来进行相关的阐释。我们根据地域文化的分类，结合教材的基本篇目，进行地域文化编辑，比如：《五猖会》，主要围绕民俗文化展开；《想北平》，主要围绕京都文化展开；《碗花糕》，主要围绕饮食文化展开；《命名记》，主要围绕中西文化展开；《这思考的窑洞》，主要围绕建筑文化展开；《汉家寨》，主要围绕历史文化展开；《听听那冷雨》，主要围绕中华文化展开；《道士塔》，主要围绕宗教文化展开；《秦腔》，主要围绕戏曲文化展开；等等。

二、《五猖会》教学实录

《五猖会》选自粤教版高中语文选修选材的《中国现代散文选读》。该课获得2011年全国中小学文化阅读课大赛特等奖。

教学重点：习俗的魅力

教学难点：民众的用心

教学过程：

（课前播放有关地域文化习俗的视频或者图片，活跃气氛，放松心情。）

师（入情）：同学们，刚才大家观看了一段关于地域文化习俗的视频，充满了强烈的爱的磁场。大家知道，中国是一个具有悠久文化的国度。大作家冯骥才说："文化习俗是一个区域民众的精神血脉，生命养育的磁场，具有永不褪色的本色，生生不息。"所以，感受地域文化习俗，一定要充分调动我们饱满的心灵，用心去感受民众对地域文化的用心，去见证地域文化习俗的魅力。今天，我们就从大作家鲁迅的《五猖会》中，去体会江浙一带孕育出的那些炽热的情感。（幻灯1）

师：大家知道，鲁迅先生是一位伟大的思想家、革命家和文学家，而他却念念不忘儿时的迎神赛会，并且说："民众对文化习俗的如醉如痴，浸染了我的童年。"真让我们感到意外，我们不妨先将这两位作家的言论齐读一下。（幻灯2）（生齐读）

文化习俗是一个区域民众的精神血脉，生命养育的磁场，具有永不褪色的本色，生生不息。（冯骥才）

《五猖会》是我记忆的再现，民众对文化习俗的如痴如醉，浸染了我的童年。（鲁迅）

师：难道地域文化习俗真的具有这么大的魅力吗？作者和民众真的这样用心地期待和经营吗？我们还是走进《五猖会》的文本，结合文章的1~5段，大家先读为快，在课前预习的基础上，选择你最喜欢的某一段，放开喉咙，大声朗诵起来。（学生大声读，老师下位有意识地指导，提醒大声。）

（学生读完。老师随意咨询读的段落，问：有没有同学愿意把你喜欢的段落读一遍给大家听？示意学生举手。如果没有，则推荐学生朗读。学生朗读时老师重点看字音。学生读完，老师让学生先讲讲读这一段的原因，老师肯定，同时指出字的读音，特别是有误的读音。）

师：我们读文本，首先要梳理好字词，好，大家看投影，我们把这篇课文的几个重点字音熟悉一下，来，我们一齐读两遍。（幻灯3）

走进文本1——梳理字词

朗读课文，注意重点字词：

姣（jiāo）长	美髯（rán）
臻（zhēn）	蹊（qī）跷
称娖（chuò）	高跷（qiāo）
篡（cuàn）改	考据癖（pǐ）

忐忑（tǎntè）　　　　　　　　肇（zhào）开

师：大家读得很好，请迅速将不熟悉的读音写在书本的相应位置上（留点时间）。老师再强调一下，鲁迅先生写文章，词汇丰富，所以我们要特别耐心，好，梳理完了字词，大家再想想，这篇文章的1~5段，写了哪四种迎神赛事呢？大家看下面的段落，尝试着以时间概念来填空，好，大家边浏览课文，边讨论填空。（讨论1~2分钟即可，可以让学生分别举手发言，一个学生说一个空白即可，体现学生全面参与。）（幻灯4）

走进文本2——理清结构

在文本中，鲁迅先生通过写 童年的 赛会，明人的 赛会，亲见的 赛会，最后再写五猖会，可见，童年的赛会在作者心中留下了难忘的印象。

师：大家再想想，能不能分别用一个形容词来形容这四次赛会？（可以分别举手发言，一个学生说一个即可，让学生全面参与。）

（学生讨论，老师启发引导。

失望的：明确——所剩的极其寥寥——于是，完了——可是结果总是一个“差不多”；

豪奢的：扮故事，奇拔，白描的活古人。

艳羡的：我为什么不生一场重病，许一个“扮犯人”的心愿。

罕逢的：全县中最盛的会，离我家很远。

师：好，同学们齐读一遍这个填空的段落。（读完）鲁迅先生写《朝花夕拾》，居然念念不忘童年的这些赛会，并且在童年的心中留下这些难忘的印象，通过对文本结构的清理，我们不禁要问，什么是迎神赛会？为什么会有如此大的吸引力呢？大家看看，课文有没有对迎神赛会的解释，找到了吗？我们一起读一遍。（学生找，齐读注释2。）

旧时习俗，用仪仗鼓乐和杂戏迎神出庙，周游街巷，以酬神祈福。

师：大美学家丹纳曾经说：“文化习俗常常带有迷幻空灵的色彩，因为祈求顺运幸福，往往用心经营。”原来，迎神赛会是借助神界众仙，来传达人们的内心愿景的。（幻灯5）

文化习俗常常含有迷幻空灵的色彩，因为祈求顺运幸福，往往用心经营。（丹纳）

师：大家再看看相关迎神赛会的图片。（幻灯6、幻灯7）在神仙面前，民众的用心、虔诚、膜拜，可见一斑。

师：既然迎神赛会是非常用心的，民众是非常虔诚膜拜的，那么，我们不禁要问，在《五猖会》中，民众是怎样用心经营赛会的？作者又是怎样用心感受习俗的呢？（幻灯 8）我们分成四个大组，分别围绕四次赛会，找一找，分析一下，在这四次赛会中，哪些字句能够体现作者或者民众对赛会的“用心”？

走进文本 3——感受细节

民众用心经营赛会，作者用心感受习俗。

讨论：在作者描述的四次赛会中，哪些字句能够体现作者或民众对赛会的“用心”？

（学生讨论，老师巡视指导，逐一提点，并确定发言人。

引导学生发言，老师注意启发引导。

1. 童年的赛会：伸长颈子——体会，前后左右的人多，没有地方站，才伸长颈子——不计形象。

2. 明人的赛会：白描的活人——大索城中，之郭，之村，之山僻，之邻府州县——只为一个角色——不计成本。

3. 亲见的赛会：希望自己生病，生重病。孩子最怕生病，而生重病只是为了扮演一个“犯人”，非常不起眼的角色——不计代价。

4. 五猖赛：出城还有六十多里水路，来回一百多里，人力船非机械船。——不计困难。）

师：鲁迅先生写这篇文章，看似不经意，细细品来却体现了文化习俗巨大的影响力。人们在对待文化习俗的时候，那种不计形象与成本、不计代价与困难，都集中地验证了一个词语，那就是“用心”。只有“用心”，才会令每一次迎神赛会那么刻骨铭心！

我们也不妨结合文本，做两个随意的探究，来看看这种“用心”，是多么的逼人心魄！（幻灯 9）

走进文本 4——探究“用心”1

我们先来看看《陶庵梦忆》：

本文所引见该书《及时雨》条，记的是明崇祯五年（1632 年）七月绍兴的祈雨赛会情况。

有人说，本文全是记述童年时期观赛会的经历，而文中第 3 段却突然引用文学家张岱的《陶庵梦忆》，反而显得行文生涩，不妨删去。对此，你怎么看？

（学生讨论，老师引导启发回答。）（幻灯 10）

不多余：

作者家乡的迎神会，可见有其豪奢。——从“绍兴”启发。

民众对赛会的迷恋，可见古已有之。——从“明代”启发。

地域文化典籍中的叙述，可见源远流长。——从《陶庵梦忆》的地域文化著作特征出发。

师：同学们的分析非常好，一处引用，可见地域文化习俗的盛况及历史，不“用心”经营，是无法形成地域文化传统的。下面，老师给大家一个更难一些的探究题，看看大家能不能看出“用心”二字？（幻灯 11）

走进文本 5——探究“用心”2

作者记述关东五猖会，称为“罕逢盛世”，而“梅姑庙”和“五猖庙”，都“有妨礼教”，对此，你怎么看？

（学生讨论，老师启发引导。

1. “礼教”二字，文中都有“引号”，表示一种否定。

2. 梅姑庙是怎样有妨礼教的？——篡取别人丈夫：不守节；五猖庙是怎样有妨“礼教”的？——后面五个夫人不分开：授受不亲。确实有妨礼教。

3. 那为什么作者又否定呢？——因为大众喜欢。

4. 为什么大众喜欢呢？——因为不愿受礼教太多的束缚，敢爱敢恨，期望自由、无拘无束的生活方式，不代表封建的卫道士，这也正是地域文化习俗得以延续的根本原因。）（幻灯 12）

可见，地域文化习俗的驱动者是普通民众，代表了老百姓对生活的愿景。

封建礼教不能阻碍地域文化传播，民众的用心能战胜外在的束缚。

师：好了，咱们通过探究，再来看全篇文章，作者鲁迅正是通过写四次赛会，来传达习俗地域文化对孩子、对当地民众的影响的。无论赛会是古是今，是繁是简，人们都是“用心”去关注与传承的，体现了地域文化习俗顽强的生命力，以及它对人的精神的滋养。这是不能取代的，是极具影响力的。（幻灯 13）

它启示人们：要用心去感受、去关注我们身边的地域文化。

师：其实，《五猖会》这篇文章的主题，主要是反映作为封建家长的“父亲”，因为不乐意“我”去观赛会而故意要我背书，使“我”没有了观赛会的兴致，留下了童年的遗憾。这里面，含有对封建礼教、封建家长制的批判。而今天，我们的社会进步了，很多地域文化习俗都是全社会积极提倡的，下面，我们进行必要的课外拓展，大家议一议，你身边有哪些民众用心经营的地域文化习俗？

(幻灯 14)

(分组讨论，若干学生回答。

老师点拨，围绕地域文化习俗的内涵进行挖掘。)

师：是的，我们身边，始终存在和我们一衣带水的地域文化习俗。这些地域文化习俗关联了我们成长的方方面面，如果我们也用心去感受，久而久之，它们也就成了我们精神文化血脉的一部分。在我们学校，同学们曾经走向社会，用自己的笔头展示了丰富多彩的佛山节日文化，我们不妨选取文集里的一两则，好文共欣赏。(老师点击文集、文章，显示段落，学生齐读。)

师：用心去关注地域文化，用情去接纳地域文化，用地域文化去塑造我们的气质。(幻灯 15)

为什么我们要关注地域文化？

仅仅只在于

我们都是文化人！

师：是的，我们都是文化人，让地域文化，传承中华五千年的血脉，让地域文化，永远定格成你我生命的风景！

这节课是在一般阅读课的基础上，选择“民俗的魅力，文化的用心”作为研读的重点范例。很显然，教者是把该课作为民俗文化课的代表来进行演绎的，课前进行了充分的归类。在课堂教学过程中，牢牢抓住教学的重难点来展开，层层剖析，最终端出了民俗之所以深得人心的深沉动因。这样的课堂，比一般意义上解读鲁迅小时候生活环境以及父子之间的关系的常规教学，自然更具有文化魅力。

三、《秦腔》教学实录

《秦腔》也是选自粤教版高中语文选修教材的《中国现代散文选读》。该课获得 2010 年广东省阅读教学大赛一等奖。该课例的阅读价值在于：一是从地域性的戏曲文化角度重新编辑教材，操作教材，富有新意；二是将阅读教学与写作教学糅合起来，以读促写，将学生间接的地域文化感知化为直接的地域文化观照。

教学重点：一方水土一方戏曲

教学难点：探究地域文化散文的写作方式

教学过程：

师：同学们，今天老师带领大家去做一点深度探究，课题是“探究地域文化散文的写作方式”。这是一个很大不着边际的课题，别急嘛，我们还有一个副标题呢，（“精读《秦腔》”，教师放投影。）《秦腔》是著名作家贾平凹的地域文化力作，原文较长，我们的课文是节选，大家课外预习了没有？（生齐答：没有）呵呵，也别急，来来来，我们先来做一个游戏。（教师接着放投影）

一、玩游戏，加定语。“秦腔是__________、__________、__________……的戏剧艺术形式。”

师：大家先翻开课文，迅速浏览全文，尝试着给“秦腔”加定语。

（生速读课文3分钟左右。）

师：好，大家的定语是什么呢？

生1：我加的是：历史最悠久，文武最正经，是非最汹汹。第1段的第3行。

生2：产生于秦地。

生3：由秦人创造的。

生4：说“秦地”太宽泛，准确地说是“秦川的西府”，主要是第3段。（掌声）

师：说得好，还有吗？

生5：高亢响亮。

生6：悲凉。

生7：震撼人心……

师：从秦腔的“唱腔”和“情感”角度去归纳，好！

生8：深入人心。

生9：最受当地老百姓欢迎。

师：从秦腔的影响去思考，好。老师把大家的定语整合一下，我们可以这样给秦腔下一个定义：秦腔是产生于八百里秦川、由当地劳动人们创造的、历史最悠久、文武最正经、是非最汹汹、高亢响亮、沧桑悲凉、震撼人心、最受当地人欢迎的戏剧艺术形式。（投影）大家齐读一遍。

师：现在的问题出来了，上面我们归纳的是秦腔的地域文化概念，那么，贾平凹是怎样将这一地域文化概念演绎生成为一篇脍炙人口的地域文化美文的呢？换句话说，作者贾平凹，围绕“秦腔”这一极富地域特色的地域文化现象，着重从哪些方面来写的？大家看看课文，再分组讨论一下。看看大家是否可以看出来。（学生再读课文，讨论。）

生 1：我们小组觉得，贾平凹在写秦腔的时候，主要写了产生秦腔的“陕西这块土地”，可能作者认为“这块土地”很重要。（笑声）

生 2：“这块土地”很辽阔厚实，应该是在强调秦地“厚重的空间”。

生 3：我们觉得土地上的“秦川公牛、叫驴”“白杨、苦楝、紫槐”都极富象征意义。

生 4：有句话说“一方水土一方人”，我突然想到“一方水土一方地域文化”。（热烈掌声）

生 5：这种水土的特点是生机、苦涩、厚重、粗犷的，很特别。（掌声）

师：我归纳一下，大家说的是不是“环境很重要”呢？我也突然记起美学家丹纳的一句话：“精神文明的产物和动植物界的产物一样，只能用各自的环境来解释。”大家说对不对呢？（掌声）

生 6：我们小组认为，贾平凹在写秦腔的时候，还着重写了“秦地的人”，这些人很有特点，特“二愣”，也很丑！（笑倒一片）

生 7：我们不这样认为，其实“高个、眼与眼间隔远、手脚粗大、肌肉结实、蹲着卧着吃饭”，其实很酷很帅呆！（笑声、掌声）

师：我提示一下，第 6 段有“演员出来骂一声：谁说不好滚蛋！”；第 7 段中“宪兵”如“凶神恶煞”一般，也很酷吗！

生 8：地域文化程度低，不文明，很垃圾！（嘘声一片）

生 9：应该可以这样理解：作者贾平凹笔下的秦川人，是和秦腔这种戏剧艺术形式的特点一脉相承的，这里的秦人，应该要理解成“豪爽、敦厚、粗犷”，不能作贬义的理解！（热烈掌声）

生 10：我们还注意到秦人“生时落草在黄土坑上，死了被埋在黄土堆下”等内容，应该说秦人还具有“质朴、苍凉”的一面！（掌声）

师：同学们通过讨论，发现了“人的环境”非常重要，这正如大作家茅盾所说：“如果作品涉及的地点是世界上实有的地方，作家就应该写出该地方的个性，该地方人物的个性。”人是有创造力的，精神文明产品离不开人的创造。同时，我们通过讨论发现，什么样的人就会创造什么样的艺术。

生 11：老师，我突然发现，文章的第 6、第 7、第 8 三段写得特别精彩，但不知作者为什么要这样写？

师：呵呵，你想到老师前面去了，大家看看这三段，精彩不精彩？（生齐答：

精彩）那为什么作者会不厌其烦地来展开呢？

生 1：因为写秦腔，怎么排戏，人们怎么热情，读者是很想知道的。（师板书：排戏）

生 2：盼望演戏也是读者所期盼的，作者很详细地描绘秦腔开演前的场面，最能体现秦地人对秦腔的狂热程度。（笑声）（师板书：盼戏）

生 3：在演戏的时候，观众对“慧娘”的态度，栩栩如生地传达了秦地人对秦腔的痴迷。（笑声、掌声）（师板书：观戏）

生 4：老师，通过您的板书，我发现，作者是按照一定顺序来写秦腔的，这样读者就可以有一个全面的认识。

师：对啊，原来贾平凹煞费苦心啊！（笑声）大家能不能用四字短语来形容这三个环节？

生 1：排戏：全家出动、全心投入。

生 2：废寝忘食。

生 3：用心经营。

生 4：盼戏：望眼欲穿。

生 5：人潮涌动。

生 6：争先恐后。

生 7：啼笑皆非。

生 8：一波三折。

生 9：观戏：如醉如痴。

生 10：物我两忘。

生 11：全神贯注……

师：（微笑）大家的归纳能力非常强，这些词语归纳得都很好。大家发现了没有，刚才我们所有的词语都指向一个词语（师板书：爱戏），土生土长的地域文化之所以得到延续，原来作者简洁地告诉我们这样一个道理：文明的延续在于人的精神渴求。多么简单却又多么深奥的道理啊！（掌声）

师：通过分析与讨论，我们同时又得到这样一个结论：一个地域文化概念要演绎生成为一篇脍炙人口的美文，应该从以下三个方面去思考：（投影）地域文化概念怎样生成地域文化散文？1. 付诸于自然环境；2. 付诸于人的环境；3. 付诸于细节描写。这就告诉我们，写一篇地域文化散文，先要在头脑中形成地域文化的概念，然后要善于抓住自然、人、细节等环节去演绎，如此，我们就可以

（故意拖长声调）——

生：写一篇优秀的地域文化散文啦！

师：不全对呢，大家想想，还有一个很关键的因素，是什么呢？

生1：可能是地域文化的感受吧。

生2：可能是生活的体验。

生3：可能是百姓的情怀吧。

生4：可能是作者。

师：大家的思路非常开阔，对，我们认为一个最关键的因素是“作者”，那么，大家讨论一下，结合课文后面的“思考·探究”内容和本单元的结束语“交流平台”里的“地域文化与散文”以及“问题拓展”，说说贾平凹为什么能写出这么生动的地域文化美文来。

（生阅读，讨论，发言。）

生1：贾平凹这篇文章是一篇侧重民情风俗的地域文化性散文，说明他关注老百姓的生活状态，真正地走进了大众生活，具有深厚的百姓情怀。

生2：我在课外也读过贾平凹的《商周初录》和《黄土高原》，发现他总是自觉不自觉地以家乡商周的人文地理、自然风光、历史现实为创作的背景，并且越来越广阔、深入地表现着时代剧变中家乡的民情风俗、社会心理、个人命运的变迁，刻画着乡里人的性格与灵魂。他散文创作中的地域文化意识，主要是秦汉地域文化意识。（长时间掌声）

生3：我们也可以这样认为，贾平凹是从个人体验出发，将诗性、理趣、学识与历史感进行有机结合，思想性与学术性兼备，不仅充满了地域文化意味，显示了作者丰厚的地域文化感悟力和艺术表现力，而且具备了可贵的自由开放的精神向度。（掌声）

生4：我们还注意到，地域文化散文要有“大境界”，应该从“小”处着眼，对人事进行精细和鲜活的叙述描绘。在描绘中，应该体验高度的艺术表现力。（掌声）

师：大家的发言非常精彩。说明同学们对地域文化散文越来越有见地了！刚才我们讨论的作者贾平凹，我归纳了一下，同学们的发言主要有以下四个方面的特点（投影）：1. 故园情结；2. 地域文化视界；3. 百姓情怀；4. 艺术表现。这四个方面，非一日之功，需要长时间的磨砺与提升。这样说来，要将一个地域文化概念演绎生成为一篇地域文化散文，还要加上一条“付诸于作者内心”。

师：同学们，通过学习《秦腔》，大家知道了怎样写地域文化散文了，那么，老师在本节课结束之前，想问问大家，假如要你写一篇地域文化散文，你会怎么写呢？

生1：我想先了解了解南粤地域文化，嘿嘿。

生2：我最喜欢粤剧、粤菜，还有我们湛江的舞狮、飘色、雷州的石狗。

生3：我想先去采访一下我们湛江的民间艺人。

生4：我想写写我家的爷爷，他有一手绝活，闻名乡里。

生5：我想写中国的京剧，还有麻将。（笑声）

生6：我还是先上网查查，看看有哪些我感兴趣的，呵呵，我的爱好太多太泛，一下子想不好写什么呢？（笑声）

……

师：大家的想法都非常好，其实，广义的文化是指人类创造的一切物质产品和精神产品的总和。狭义的文化专指语言、文学、艺术及一切意识形态在内的精神产品。这是一个极难界定的概念，但它并不令人生畏，相反却与我们的成长发生着一衣带水的联系。我们的吃饭、穿衣、居住、出行，都有地域文化因子；我们的节日、盛典、仪式、活动，差不多都有当地的民风民俗；在大街上，我们可以看见做年例的、舞龙的、踩高跷的、赶庙会的；在剧场里，我们看见有雷剧、粤剧、京剧、皮影戏；打开电视，刘心武正在讲《红楼梦》研究、于丹正在讲《论语》心得、易中天正在讲《三国演义》；翻开报纸，黄山正在筹备地域文化旅游节、广东的开平碉楼正在申报世界文化遗产；登录网络，港台地域文化、中西方文化充斥眼球，还有网民自己炮制的种种“网络文化”；我们背着书包去上学，接受的是校园文化，把书本往课桌上一放，发现还有课桌文化，中途去洗手间，甚至还发现有厕所文化……（笑声）这些文化，只要我们掌握了写法，懂得用心去表达，一定会写出锦绣文章！（长时间掌声）

最后，请允许我将我们学生所写的地域文化散文目录展示给大家，希望大家拿起手中的笔，像这些同学一样，以地域文化的视角去关注我们的社会与人生，这仅仅是因为，我们都是文化人！（长时间掌声）

（投影，出现目录和音乐。）

第二节　小说阅读教学实录

一、小说阅读教学的方法

怎样在地域文化背景下去观照小说阅读教学呢？除了在第三章论及的基本阅读方法之外，针对小说的特点，笔者觉得如下三点还应引起注意：

（一）对地域文化背景下人物形象的解读

小说中任何鲜活的人物都离不开生他、养他的地域环境，而人物身上也一定打上了地域文化的色彩。比如说《祝福》中祥林嫂的形象，她身上的迷信与愚昧落后，就与闭塞的鲁镇息息相关，与鲁四老爷、柳妈为代表的鲁镇文化主流有关，她的身上也必然会带有鲁镇消极落后的文化因子；再比如《边城（节选）》中“翠翠”的人物形象，她身上的单纯、善良、美好等品质，就与湘西农村中单纯美好的社会人文环境一样，呈现出极为契合的一致性；再比如孙犁《荷花淀》中的水生嫂的美好人物形象，就与白洋淀洁白的席子、淀里美丽的月光雾气所形成的“银白世界”的地域文化背景有关……如此来鉴赏人物形象，当然会更加生动和立体。

（二）对地域文化背景下自然环境或社会环境的解读

好的小说，总是将人物置于特定的环境中去刻画。好的环境，常常带有特定的文化元素。比如《林黛玉进贾府》，里面就有关于贾赦家居环境的描写：“正面五间上房，皆雕梁画栋，两边穿山游廊厢房，挂着各色鹦鹉、画眉等鸟雀。”众所周知，贾家是当时京城的名门望族，享受着来自帝王恩赐的诸多优质资源，其房屋建构自然有京都的文化气象。而伴君如伴虎，元春之死直接导致贾府的土崩瓦解，如此解读，会让环境更加贴近文本的人物内核与小说的主旨意趣。

（三）对地域文化背景下小说主题的解读

好的小说，常常通过鲜明的人物命运去彰显，而人物离不开其周遭的显性文化与内在隐性文化的双重影响。小说的主题，常常是抽象的隐性文化的反映。比如《装在套子里的人》，别里科夫之所以在文本中显得那么愚蠢可笑，其实反映的就是沙皇俄国封建的体制、文化、弊政，这种体制文化相对于当时的世界而言也可以说是地域性的，小说主题表面上是对别里科夫的批判，其实就是对封建体制文化的批判。再比如《哦，香雪》，小说要表达的主题是姑娘们对山外文明的向往，以及摆脱封闭落后山村的迫切心情。这里就涉及以台儿沟为背景的乡村滞后文化与以火车为代表的现代文化之间的碰撞问题，是中国改革开放初期典型的社会文化心理。

基于上述解读，我们发现，围绕小说的“人物、环境、主题”，我们均可以从地域文化角度进行全新的解读，这会给人一种耳目一新的感觉。

二、《边城（节选）》教学实录

《边城（节选）》选自人教版《高中语文·必修五》，是一篇非常具有湘西地域特色的小说。因为小说的标题、背景、人物等诸多要素都打上了深刻的地域文化色彩，是沈从文着意刻画的“心中的桃源”。虽然小说的内容不一定在现实中存在，但是依然可见地域文化的独特魅力。本人执教这一课，就是从地域文化的角度去进行全新解读的。

教学重点：《边城》中的地域文化

教学难点：地域文化中的民俗文化

教学过程：

师：古老的湘西，充满了地域文化特色。我们先来了解一下作者。第一个问题，请同学们介绍一下沈从文，哪位同学想好了，请举手。

生：沈从文生于1902年，死于1988年，是湖南凤凰县人，苗族。我们知道，湘西是楚文化的发源地，具有鲜明的地域文化特点。

师：非常好。在这里他联系到湘西，湘江。作为湘西来说，是楚文化的发祥地，地域色彩很浓。还有哪位同学补充？

生：沈从文14岁就当兵，而且回来之后也从来没上过大学，可他却创作出优秀的文学作品。代表作有《边城》《阿黑小史》《长河》《湘行散记》等，都与湘西有着直接或间接的关系。

师：沈从文的最高学历，同学们能准确地告诉老师吗？（生齐答：小学毕业）小学毕业的沈从文却在北京大学、清华大学，还有西南联大做著名的教授。我想提一个问题，沈从文一生都致力于文学创作吗？晚年也是在致力于文学创作吗？（生齐答：不是）那他晚年做什么呢？

生：1949年以后，他在中国历史博物馆、故宫博物院工作，在中国古代服饰和物质文化史研究方面起到了重要作用。

师：那你觉得这富有地域特色吗？

生；我觉得中国文化本身就是非常有特色的。

师：是的，东方文化本身就承载着悠悠的大梦，是浪漫的文化，也是一种广义的地域文化。服饰更是充满了民族的灵性。他作为一个服饰研究家，主要也是在研究富有地域特色的民族服饰。我们关注沈从文的一生，也是在关注他的作品及他的《边城》。

师：下面同学们再想，小说为什么定名为"边城"，"边城"有什么含义呢？思考一下。

师：大家注意看课题，"边城"有几个含义呢，你怎么理解呢？请同学们举手回答。同学们回答问题非常精彩，哪位想好了？

生：通过对《边城》的阅读，我就感觉到，他写《边城》的时候，是在革命战乱时期，而在他的作品当中，并没有战乱的那种氛围，我感觉写得像世外桃源一样。

师：好，"世外桃源一样"，你真会用词，请坐。说得非常好，在这里，"非常像世外桃源"这个比喻非常形象。还有同学补充吗？

生：我觉得还可以从时间和空间的角度来看。因为"边城"是在古老的湘西，是个很有特色的地域，是在几个省的交界处，很靠边的城镇。从现在的角度来讲，他属于一种过去。

生：我觉得"边城"具有一种几何美。因为"边"在几何中是一条直线，两条边就构成一个角，三条边就构成一个三角形。而且我发现作者沈从文在描述的时候，不谈等级，不谈功利，人与人之间真诚相待，相互友爱。他希望这个小城能像这个边一样，能够构造出重建民族品格和重建民族灵魂的作用，彰显了多元的地域文化属性。

师：在这里，这位同学用他的巧妙思维，将数学和语文结合起来，在座的听课老师，有数学老师，有外语老师和语文老师，的确，这三者可以互动。这里体现的一种几何的美是我没有想到的。

生："边城"这个词给人的感觉就是远离尘嚣，有一种远离现实的宁静和淳朴。我觉得这也正是作者所极力追求的，也正是他想讴歌的，讴歌那种人类所遗失的东西，也可以理解为文化的遗失。

师：“讴歌那种人类所遗失的东西”，很好。我们人类在匆匆的步履当中，追随着科学的步履，但是我们也遗失着我们属于原始的追求。而这些，恰恰是当代人应该珍视的。

师：好，大家知道，沈从文的湘西小说反映了鲜明的地域文化，而这其中，对湘西民俗的反映尤其丰富，关涉到湘西民俗的方方面面：如衣食住行、婚丧嫁娶、节日游艺、宗教劳动、日常生活、语言习惯，等等。很多人都醉心于沈从文《边城》中翠翠与傩送二老凄美悲凉的爱情故事，但是只要我们细细品味，在这么一篇短短的小说作品中，我们仍然不难发现这片纯净的土地上的民俗文化的独特和与众不同，由此而产生了对边城的浓厚兴趣与好奇，致使无数的后人为了寻梦而纷纷踏入凤凰古城，欣赏那昔日的吊脚楼与奔流的沱江，聆听那动人的山歌，品尝那特有的甜酒，甚至不忘去寻找昔日陪伴了翠翠的白塔。那么这节课，我们共同来思考，沈从文小说《边城》中，到底包含了哪些民俗文化呢？同学们分组讨论一下，然后大家交流发言。

（学生分组讨论，然后交流。）

师：我们先来看看“服饰”方面的，哪些具有湘西的文化特色呢？

生 1：文中写道：“她欢喜看扑粉满脸的新嫁娘，欢喜述说关于新嫁娘的故事，欢喜把野花戴到头上去，还欢喜听人唱歌”；欢喜轻轻唱：“……大姐戴副金簪子，二姐戴副银钏子，只有我三妹没得什么戴，耳朵上常年戴条豆芽菜。”

生 2：《边城》的全文我都读过，里面有这样的描写：翠翠注视那女孩，发现了女孩子手上还戴得有一副麻花绞的银手镯，闪着白白的亮光，心中有点儿歆羡。

师：作为一个毕生都在关注着湘西世界的作家，沈从文总是能够很敏锐地发现生命里的美。然而，对作为湘西民俗重要组成部分的服饰艺术的描写，在他作品里集中体现的却不多，我们通过阅读，还是可以在他的小说中零星散见到，真不错。

生 3：湘西的银器，象征着纯洁。

师：是的，湘西早已产生了独特的以“尚银、绣花”为代表的本土服饰文化。银饰在湘西服饰文化中占有重要的地位，洁白无瑕的银质饰品，象征着苗家姑娘的心地纯净善良，质朴无瑕美好，也是家庭财富和社会地位的象征。

生 4：翠翠只是一个普通的船夫的孙女，没有父母，她不能像团总小姐那样有一座碾坊做嫁妆，所以在她的内心中难免对团总女儿和新嫁娘有一种钦慕，但是她也不自卑，为了装扮自己，她把野花戴到头上去，这更显现出翠翠的纯洁与

可爱。（掌声）

师：回答得非常好，服饰的背后隐藏着人物的心灵。我们再来看看《边城》里的住房环境。

生5：《边城》中是这样描写湘西人家的住房的："贯穿各个码头有一条河街，人家房子多一半着陆，一半在水，因为余地有限，那些房子莫不设有吊脚楼。河中涨了春水，到水脚逐渐进街后，河街上人家，便各用长长的梯子，一端搭在自家屋檐口，一端搭在城墙上，人人争骂着嚷着，带了包袱、铺盖、米缸，从梯子上进城里去，等待水退时，方又从城门口出城。"这样的吊脚楼建筑在很大程度上也彰显了边城的地理环境和气候状况。

生6：江南本来就多雨水，气候湿润，而边城里面多山，所以建房子时总会出现余地有限的情况，这样修建吊脚楼既能够省地还能够起到防潮的作用，而且外形也很美观，真的是边城人们智慧的结晶。

师：是的，建筑也是地域文化的一种象征，湘西的吊脚楼，就是湘西特有的地域文化符号。

生7：老师，我觉得文章中关于婚丧嫁娶的内容，也应该属于民俗文化的范畴。

师：是的，你能详细给大家说说吗？

生7：好的。文中以天保傩送对翠翠的求婚向我们展示了湘西提亲走车路和走马路的两种习俗，天保选择走车路，即由他的父亲顺顺做主，请了媒人提了红纸封的点心很正式地到老船夫家里说媒；而走马路就是像傩送那样由自己做主，站在渡口对溪高崖上，为翠翠唱三年六个月的歌，一切由翠翠做主。也正是因为唱山歌，不仅唱出了翠翠的父母的爱情，也唱出了翠翠。

师：你找到的内容非常好，更是联系了整部小说，你能说说你的感想吗？

生7：我觉得这两种截然不同的求亲方式，一种代表了封建的最普遍的"父母之命，媒妁之言"婚姻制度，而后一种却比较人性化，更接近于我们现代社会的自由恋爱，而且更具浪漫色彩。但不管是哪种求亲方式，都打上了湘西独特的地域文化色彩。（掌声）

师：你非常棒！"红纸封的点心"和"唱山歌"，都非常具有湘西地域的属性。大家找找看，文中还写了湘西的什么民俗啊？

生（齐）：节日文化。

师：大家能具体说说吗？

生 8：写了边城里过端午的盛况。

师：嗯，这是文中花了大量笔墨的所在。

生 9：文中这样写道："端午日，当地妇女、小孩子，莫不穿了新衣，额角上用雄黄酒画了个王字"。可见，孩子们是特别期待端午的，因为可以穿新衣，画"王"字。(笑声)

生 10：还有，"任何人家到了这天必可以吃鱼吃肉"，这是很让人期待的。(笑声)

生 11：文中还写道：大约上午十一点钟左右，全茶峒人就吃了午饭，把饭吃过后，在城里住家的，莫不倒锁了门，全家出城到河边看划船。这样的活动，有种万人空巷的感觉，说明边城人对这个节日是非常看重的。

生 12：对于这个节日，"河街有熟人的，可到河街吊脚楼门口边看，不然就站在税关门口与各个码头上看"。说明观看的人多，民俗节目具有强大的生命力。

师：同学们的讨论非常精彩！

生 13：老师，我觉得文章中这样的叙述：龙舟赛后，城中戍军长官为了与民同乐，便把颈上缚有红布条的雄鸭放入河中，让人泅水去捉，谁先追到就归谁。我们也不可小觑，因为这件事，翠翠遇到了男主角。(笑声)

师：是的，是端午节的一个后续节目。节日中相遇，很美好的相遇。(笑声)大家再想想，边城里体现的这些民俗文化，有怎样的意义或价值呢？

生 14：边城的衣食住行，包括婚嫁节日，都充满了湘西的地域特色，说明作家是个非常"草根"的作家。

师：因为作家很接地气。

生 15：边城的人们对传统节日文化的热爱，显示了湘西人的淳朴、善良。

师：因为端午节是纪念屈原的节日，而屈原是楚文化的名人。

生 16：边城里的这些民俗民风，散见于作品的字里行间，增强了文章的文化底蕴，作为读者，我们更喜欢阅读。

师：因为文化是独特的，也是具有魅力的。

生 17：我认为，作为一篇小说，这些民俗文化现象，一是给作品奠定了厚实的写作背景；二是点化了作品中的人物形象，让作品的人物更具特殊的美感；三是推动了情节的发展。(掌声)

师：是的，刚才大家讨论的"吊脚楼""翠翠的纯洁可爱""翠翠与男主角相遇"等，可以证明。

师：同学们，今天这节课，我们从湘西的地域文化出发，立足于地域文化中的民俗文化，作了很好的讨论。我们发现，沈从文是中国现代乡土文学的第一大家，他出生在湘西，成长在湘西，对原生态的湘西充满着热爱与怀念，对湘西这片自然的土地爱得深沉。沈从文的小说和湘西民俗关系密切，可以说离开了湘西民俗，沈从文小说的魅力就会大打折扣。这也许就是人们喜欢他的湘西小说而不喜欢他的都市小说的一个重要原因，他的湘西小说对湘西的物质民俗、社会民俗、精神民俗和语言民俗进行了多样的描绘，为我们展现了一个丰富多彩的湘西民俗世界。

同时，我们还发现，《边城》不仅是一篇具有丰厚的民俗意蕴的精美作品，而且也是一首以民风民俗为叙事目的的赞美诗，是一部关于人性的风俗画的诗性小说。作家将乡村生活牧歌化、诗意化，由乡村民俗意象建构形象体系，创造了一个超越世俗、超越功利的自然诗性世界。边城是沈从文心中的一方净土，是更多的读者心中的天堂，不仅使沈从文充满怀念，更让无数的人为之向往。（掌声）

师：好，下课！

这是一节比较新颖的小说阅读鉴赏课，笔者从地域文化的角度对“边城”的内容进行了全新的解读。上完这节课后，老师、学生，包括听课的专家、教授，都对这节课给予了很高的评价，其中，任职于华南师范大学人文学院的陈建伟教授认为，这节课是对传统经典篇目的又一经典解读，开阔了语文小说教学的新思路，并且因为“文化”的介入，文本的鉴赏更显力度与深度。陈教授的这一评价，也是对这一课型的充分肯定。

三、《哦，香雪》教学实录

《哦，香雪》选自人教版《高中语文·必修五》。这篇小说，带有两种浓厚的地域文化色彩，是著名小说家铁凝的成名作。该作品从以“台儿沟”为代表的“乡村地域文化”入手，深刻反映了以“火车”为代表的“城市文化”对“乡村文化”的冲击，深刻体现了两种文化的碰撞。本人执教的这节课，就是从“地域文化”的视角入手来重构的。

教学重点：作品的主题

教学难点：两种文化的撞击

教学过程：

师：同学们，今天我们要学的是短篇小说《哦，香雪》。这节课我们重点研究这篇小说的主题思想。大家在思考的时候，要提出主题是什么并加以概述，最重要的是还要答出你得出这个结论的理由。

（学生讨论，然后回答。）

生1：我认为这篇小说的主题是城市文化闯入乡村文化，激起乡村的人对城市文化的追求。

师：你是怎么看出来的呢？

生1：这个问题我觉得应该从两个方面考虑：一个是城市文化闯入乡村以前的状况，一个是城市文化闯入乡村以后的状况。

师：你能否从这两个方面中选择一种情况说说，比如城市文化闯入乡村以前，乡村是个什么样？

生1：城市文化闯入乡村以前，乡村作为一个特殊的地域，它是闭塞、落后的。比如，“如果不是有人发明了火车，如果不是有人把铁轨铺进深山，你怎么也不会发现台儿沟这个小村”，这就写出了台儿沟所在地区的那种闭塞。“从前，台儿沟人历来是吃过晚饭就钻被窝，他们仿佛是在同一时刻听到大山无声的命令”，这反映台儿沟人以前的生活是比较简单、闭塞、偏僻和落后的，是这个地域的文化特质。

生2：我并不是很肯定这位同学的观点。我对这个主题有自己的意见。

师：哦，不同意见？请说说你的看法是什么。

生2：我觉得这篇小说不一定只是写台儿沟人特别是一群少女迫切地追求外来的城市文化，我觉得它也同时表现了这样一种思想：在文化的碰撞之中，要保持一种淳朴、质美的东西。

师：哦，你的意思是说这个山村，有它本身的美的东西。城市文化闯入并试图改变乡村，而且乡村也的确有一些改变，但是乡村还是想保持它优美的品性。你能否来分析一下？

生2：比如说，香雪在回来的途中，想到如何向母亲解释这四十个鸡蛋，她的内心有过挣扎，她曾经想过要骗她的母亲，但是她是从来不会做骗人这种事情的，于是她在思想上产生了犹豫，这就体现了城市文化与乡村文化的碰撞，不过最终香雪还是选择了用一种比较适当的并且比较诚实的方式向她的母亲作了说明。我觉得这就说明乡村的一些质朴的东西要保留。

师：不过我觉得你讲的可能跟原文不太一样。原文是怎么说的呢，原文说香雪在把四十个鸡蛋换成一个自动铅笔盒之后啊，感觉到有点难办。哎呀，这怎么回去跟妈妈交代呢？于是她就准备跟她的妈妈说一个谎。

生2：我觉得不能完全地认为她是在说谎，在某种意义上，在她心里可能有自己的一些想法。毕竟她只是一个初中的学生，在回家的路上她将一根枯草插在小辫里，这说明她甚至还有些比较幼稚迷信的想法，她可能是认为这个铅笔盒对她自己非常重要。

师：你刚才提到香雪还有些迷信，你是怎么看出来的？

生2：文中有这样的材料，"她弯腰拔下一根枯草，将草茎插在小辫里。娘告诉她，这样可以'避邪'"，"她用手背抹净眼泪，拿下插在辫子里的那根草棍儿，然后举起铅笔盒，迎着对面的人群跑去。"这说明香雪的思想意识里还存在一些应该说是乡村文化比较落后的东西。

师：我感觉你的回答，观点和论据好像不是十分的统一，城市文化冲击下的乡村仍然保留着一些美的东西，但香雪的迷信、说谎是否应该算是好的东西？我觉得还可以斟酌。接下来我们回到前面同学提出的话题，继续探讨火车开进山村之前，山村是个什么样子。

生3：火车开进山村之前，台儿沟人"历来是吃过晚饭就钻被窝，他们仿佛是在同一时刻听到大山无声的命令。于是，台儿沟那一小片石头房子在同一时刻忽然完全静止了，静得那样深沉、真切，好像在默默地向大山诉说着自己的虔诚"。我觉得这儿的人们是质朴、纯洁的，生活是贫穷、落后的，因为大山的阻隔，所以封闭、保守，就像世外桃源，不知道山外的世界是什么样子。火车来的时候，这些姑娘们问乘务员房顶上的那些大刀片似的东西是干什么用的，她们根本不知道电扇是什么，这说明她们的生活是多么的闭塞，也是一种文化的闭塞。

师：另外，她们说那个车厢顶是房顶，把车厢当成了流动的房子，这也是一个孤陋寡闻的表现。

生4：姑娘们在车站做买卖，用核桃、鸡蛋、红枣换回台儿沟少见的挂面、火柴，以及姑娘们喜爱的发卡、纱巾和尼龙袜。这些东西应该说都是比较普通、平常的，而在台儿沟却是非常少见，可见台儿沟的闭塞和贫穷。

师：挂面、火柴、发卡、纱巾和尼龙袜，这些东西有等级的区别吗？

生4：我觉得应该有。原文说，换回花色繁多的纱巾和能松能紧的尼龙袜这些东西，有人是要冒回家挨骂的风险的，因为这纯属她们自作主张。

师：可能会是什么人骂，为什么要骂？

生4：是她们的父母，他们急需换回的是挂面、火柴这些基本的生活用品，而姑娘们换回的却是自己的装饰用品。

师：火柴呀，挂面呀，这些都是为了填饱肚子所必需的东西，更多的是一种物质享受，一种生活的必需品，而发卡这些东西呢，已经延伸到人对精神、对美的追求了，她们的父母骂她们，让我们能够揣摩到当时他们的生活真是太困难了，因为能有火柴用，有面条吃，那就已经很不错了。

生5：与香雪同在公社中学读书的女同学们故意一遍又一遍地问香雪“你们那儿一天吃几顿饭”，香雪回答说“两顿”，这可以体现出台儿沟生活的艰辛。

师：跟同公社的其他的村庄相比，台儿沟都已经很落后了。另外，大家注意到香雪问“北京话”的问题了吗？

生5：她问“你们城里人一天吃几顿饭”。

师：香雪是怎么问的？是“小声地问了一句”。你能否揣摩一下她为什么要小声地问而不是大声地问？

生5：她可能害怕“北京话”会笑话她，还有她也可能是有点害羞。

生6：当火车开进台儿沟的时候，它走得十分匆忙，连车轮碾轧钢轨时发出的声音好像都在说：不停不停，不停不停！这说明台儿沟也是太穷了，以至火车都不愿在这儿停下。

师：当然这只是一种猜测，不过这种猜测也会让人感觉到，这个贫穷的台儿沟实在是没看头。还有吗？

生6：小说接着写道：“是啊，它有什么理由在台儿沟站脚呢，台儿沟有人要出远门吗？山外有人来台儿沟探亲访友吗？还是这里有石油储存，有金矿埋藏？台儿沟，无论从哪方面讲，都不具备挽住火车在它身边留步的力量。”这些反问表明台儿沟没有人要出远门，也没有人来台儿沟探亲访友，可见台儿沟的闭塞，与外面的联系不是太密切。

师：火车在台儿沟停留的原因究竟是什么，似乎找不到明显的证据，作者写道，“也许什么都不为，就因为太小了，小得叫人心疼”，你看，台儿沟的贫穷、偏僻已经让人感到“心疼”，而火车呢，就是因为“心疼”才停下来的。“心疼”一词已经表明台儿沟这个地方是非常贫穷。

生7：还有一个关于自动铅笔盒的材料。香雪看到同桌有一个自动铅笔盒，而她自己的铅笔盒是木头做的，虽然这是父亲特意为她做的，而且在台儿沟也算是独一无二的，但这个木头铅笔盒在同学看来，却是很笨拙、陈旧的。这也说明了台儿沟的闭塞落后。

生8：凤娇兴奋地叫香雪来看火车上一个妇女头上别着的那一排金圈圈，以及另一位旅客腕上比指甲盖还要小的手表，这说明，她们没见过什么好看的发卡和非常小的手表，她们对外面的世界没有什么了解。还有，台儿沟没有学校，香雪每天要到十五里以外的公社中学去上学，台儿沟太贫穷、落后，连学校都没有。

生9：香雪的爸爸盼望每天都有人家娶媳妇、聘闺女，因为这时他才有干不完的活儿，他才有可能打出那些躺柜、碗橱、板箱，挣回香雪的学费。这表明台儿沟的经济结构十分的单一。香雪的爸爸只有在有人家娶媳妇、聘闺女时才有活干，光着脊梁、不分昼夜等细节还表明他的劳动强度非常大。

师：（播放幻灯片，展示相关材料）除了刚才同学们提及的外，请注意下列材料：火车虽然停留但却只停一分钟，表明台儿沟之小；火车开过台儿沟，一切又恢复了寂静，这种寂静就是台儿沟原有的状态；火车停时，有时要发出一阵沉重的叹息，像是在抱怨台儿沟的寒冷，暗示台儿沟的偏僻、孤独；面对姑娘们的连珠般的问题，“北京话”不知所措地嘟囔着说“真没治”，因为这些问题在他看来也太简单了，这反映出台儿沟人的闭塞、落后；香雪晚上回家要走三十里，而且是沿着铁路走回去的，一路上还要经过许多大大小小的林子。我估计呀从西山站到台儿沟肯定没有公路，即使有公路恐怕也打不到“的士”，即使能打到“的士”，恐怕也舍不得花这个车费。

以上我们研究的问题是火车开进深山以前，台儿沟是个什么样子，接下来我们再来研究：火车开进深山以后，台儿沟发生了怎样的变化？也许这个问题研究完之后呢，小说的主题就显而易见了。请大家收集相关材料，准备回答。

生10：火车开进台儿沟之后，台儿沟发生了很大的变化。以前台儿沟人历来是吃过晚饭就钻被窝，而这时候台儿沟的姑娘们刚把晚饭端上桌就慌了神，她们心不在焉地胡乱吃几口，扔下碗就开始梳妆打扮，而且还比赛着穿出最好的衣裳，刻意斟酌着服饰。她们对自己的容貌开始有了新的追求。值得注意的是，台儿沟的姑娘们开始和火车上的旅客做起生意来了。她们开始挎上装满核桃、鸡蛋、大枣的长方形柳条篮子，站在车窗下，抓紧时间跟旅客和和气气地做买卖。

师：你刚才主要举了两个材料，第一个是台儿沟的人因为要去看火车而开始注重容貌了。是不是指的是所有的台儿沟人呢？

生10：是台儿沟的姑娘们。

师：你说这些姑娘们为什么要打扮得那么漂亮啊？

生10：因为火车来了以后，给她们带来了一种新的生活，她们可以登上火车，可以看到火车上的人，她们希望火车上的人能够看到她们的新面貌。

师：哦，希望火车上的人看到台儿沟的姑娘们都是那么美丽、动人。你提到的第二个材料是姑娘们开始学做生意了，她们是怎么做生意的？

生10：她们用自己家的土特产如核桃、鸡蛋、红枣去和火车上的人换挂面、火柴、发卡、香皂、纱巾、尼龙袜之类的东西。

师：她们做生意的方式和我们现在一样吗？

生10：不一样，她们用的是一种较落后的物物交换的方式。

师：这种方式虽然落后，但她们总算会做生意了。

生10：而且，从她们交换的物品看，不但有对新的物质生活的追求，也开始有对精神生活的追求，比如对美的追求。

师：你的意思是说她们在已经吃饱肚子的情况下，又开始了对美的追求？但是，她们可是一天只吃两顿饭啊！

生10：不过这并不能改变她们对美的追求。

师：看来火车的力量真是不小。虽然贫穷还没能得到根本的改变，但是她们已经用了很多的精力和思想来追求精神生活了。

生11：其实一开始，香雪为了一个文具盒赶上了火车，而且为了那个文具盒走了三十里的夜路。我觉得这说明火车开进山村之后，台儿沟的人开始了精神上的追求。

生12：香雪问她同学所在的地方一天吃几顿饭，得到的回答是三顿，并且都是理直气壮的，另外，香雪还被问到上学怎么不带铅笔盒，这两个问题让香雪感到很苦恼，所以她决定背着父母用积攒的四十个鸡蛋换那个向往已久的泡沫塑料铅笔盒，而她一个人摸黑走了三十里，这对于一个平时说话不多而且有些胆小的山村姑娘来说，需要多么大的勇气啊！她这种勇气来自于对山外文明的向往以及改变山村贫穷、落后面貌的迫切要求。不仅如此，在回家的路上，香雪还对台儿沟的未来有了更美妙的设想，“那时台儿沟的姑娘不再央求别人，也用不着回答人家的再三盘问”，从这里可以看出这个山村姑娘的自爱自尊。

师：同样是受城市文化的冲击，香雪和台儿沟的其他小姑娘的追求好像不太一样，你能在文中找到这样的证据吗？

生13：香雪因为向一位戴眼镜的中年妇女打听能自动开关的铅笔盒，谁知没等人家回话，车已经开动了，于是她追着火车跑了好远。对这件事，香雪的同伴们都认为这是不值当的，而香雪自己可不认为自己是在做傻事，她只是埋怨自己没抓紧时间。文中还有一段话也体现了香雪的追求："台儿沟一定会是'这样'的：那时台儿沟的姑娘不再央求别人，也用不着回答人家的再三盘问。火车上的漂亮小伙子都会求上门来，火车也会停得久一些，也许三分、四分，也许十分、八分。它会向台儿沟打开所有的门窗，要是再碰上今晚这种情况，谁都能从从容容地下车。"

师：是啊，香雪没有满足于这些小的目标，比如自动铅笔盒，她的心里还有更大的愿望等待去实现。她的这些变化，都是满载城市文化的火车冲击台儿沟的结果。

师：以上我们讨论了很长的时间，现在我们将主题概括如下：小说通过对香雪等一群乡村少女的活动的生动描摹，叙写了每天只停一分钟的火车给一向宁静的偏远山村生活带来的波澜，表现了新一代乡村青年对新生活的纯真、热切的向往和追求。文明也可以这样理解，以"苔儿沟"为代表的"乡村文化"和以"火车"为代表的"城市文化"在碰撞中升华。也许台儿沟还有些东西尚未改变或者正在改变，但我们相信，火车开进之后的台儿沟正在发生越来越大、越来越好的变化。这篇小说，作者想借台儿沟这一角，展现中国暂时还比较贫穷、落后的广大农村的变化，折射出受城市文化冲击的农村蹒跚前进的身影。

第三节　诗歌阅读教学实录

一、诗歌阅读教学的方法

阅读教学的地域文化落点，常常关涉到作者、文本内容、与文本相关的地域资源等等，针对诗歌的地域文化阅读教学，除了常见的阅读方法之外，笔者认为以下几种方法也可以尝试：

一是从富有深厚地域文化特质的意象入手，去解读诗歌的内容。比如，柳树——以折柳表惜别。唐代西安的灞陵桥，是当时人们离别长安到全国各地去时的必经之地，而灞陵桥两边又是杨柳掩映，这儿就成了古人折柳送别的著名的地方，如“年年柳色，灞陵伤别”的诗，后世就把“灞桥折柳”作为送别典故的出处，所以温庭筠有“绿杨陌上多别离”的诗句，柳永在《雨霖铃》中以“今宵酒醒何处，杨柳岸，晓风残月”来表达别离的伤感之情。“柳树”这一意象，就源自很强的地域文化。又如芭蕉——常常与孤独忧愁特别是离情别绪相联系。因为中国南方有丝竹乐《雨打芭蕉》，表凄凉之音。李清照曾写过：“窗前谁种芭蕉树，阴满中庭。阴满中庭，叶叶心心，舒卷有余情。”把伤心、愁闷一股脑儿倾吐出来。吴文英《唐多令》：“何处合成愁？离人心上秋。纵芭蕉、不雨也飕飕。”葛胜冲《点绛唇》：“闲愁几许，梦逐芭蕉雨。”雨打芭蕉本来就够凄怆的，梦魂逐着芭蕉叶上的雨声追寻，更令人觉得凄恻，这一意象，也带有很强的地域文化特点。像这样的例子，在古今诗歌中可谓不胜牧举。掌握了这样一些地域文化特色的意象，对于解读诗歌的内容，常常是非常关键的。

二是从富有深厚地域文化特色的意境入手，去把握诗歌的情感。比如边塞诗，王昌龄《出塞》诗中的“明月”和“边关”，“龙城”和“阴山”，构成了一幅极富地域特色的边关征战画卷，意境雄浑高远，自然诗歌的情感高昂饱满，令人血脉偾张。比如山水田园诗歌，陶渊明《饮酒》诗中的“东篱”“南山”“日夕”“飞鸟”等意象，构成了一幅极具南山田园文化特色的自然画卷，让读者充分领略了诗人寄情山水、怡然自得的人生况味。当然，古今的诗歌种类是很多的，中国的诗歌大多讲究意境美，所以不同地方的诗歌，常常关联的是不同地域的文化意境，只要我们善于探寻富有地域文化特色的意境美，我们的诗歌鉴赏，也可能因此焕然一新。

二、《雨巷》教学实录

先给大家呈现一节现代经典诗歌教学的课堂实录，这节课曾作为地市级教师新课程培训的代表课，为全市500多名高中教师所喜爱。

教学重点：富有区域特色的意象

教学难点：围绕特色意象进行现代诗写作

教学过程：

师：同学们，我们今天走进“雨巷诗人”戴望舒。戴望舒（1905—1950），是浙江杭州人，也是现代派象征主义诗人。1924年考入上海大学文学系，1925年转入震旦大学法文班，1928 年发表成名作《雨巷》，1932 年参加施蛰存主编的《现代》杂志的创作，并成为 30 年代“现代派”诗人群体的领袖。《雨巷》最初发表在 1928 年《小说月报》上，引起很大反响，叶圣陶称《雨巷》“替新诗的音节开了一个新纪元”，戴望舒也因此诗获得“雨巷诗人”的称号。他的诗集有《我底记忆》《望舒草》《望舒诗稿》和《灾难的岁月》。早期诗歌多写个人的孤寂心境，感伤气息较重，因受西方象征派的影响，意象朦胧、含蓄。后期诗歌表现了热爱祖国、憎恨侵略者的强烈感情和对美好未来的热烈向往，诗风明朗、沉挚。

师：同学们，今天我们要学习的《雨巷》，是戴望舒先生的代表作，他创作这首诗的背景是什么呢？我们一起读一下。（投影，学生读。）

《雨巷》产生在中国历史上一个最黑暗的年代。反动派对革命者的血腥屠杀，造成了笼罩全国的白色恐怖。原来热烈响应革命的青年，一下子从火的高潮堕入了夜的深渊。他们中的一部分人，找不到革命的前途。他们在痛苦中陷于彷徨迷惘，他们在失望中渴求着新的希望的出现，在阴霾中盼望飘起绚丽的彩虹。《雨巷》就是一部分进步青年这种心境的反映。

戴望舒写这首诗的时候只有二十一二岁。一年多以前，他与同学杜衡、施蛰存、刘呐鸥一起从事革命的文艺活动，并加入了共产主义青年团，用他的热情的笔投入了党的宣传工作。1927 年 3 月，还因宣传革命而被反动当局逮捕拘留过。“四·一二”政变后，他隐居江苏松江，在孤寂中嚼味着“在这个时代做中国人的苦恼”（《望舒草·序》）。他这时候所写的《雨巷》等诗中便自然贮满了彷徨失望和感伤痛苦的情绪。

师：年轻的戴望舒，在白色恐怖中，满怀痛苦感伤的情绪，写下了这首意境朦胧美好的诗歌，我们今天就一同走进这首著名诗歌——《雨巷》。大家把书翻开，先听老师范读，注意生字词以及必要的停顿。（教师范读，学生热烈掌声。）

师：老师读完了，大家要注意这几个词的读音：“徘徊”“彷徨”“颓圮”“彳亍”，我们下面一起将这首诗读一遍。（学生读）

师：读得不错。我们先来浏览一下，看看这首诗写了哪些意象。

生 1：写了“我”，还有“丁香姑娘”。

生 2：除了他所说的两个以外，我觉得还应该有“雨巷”“油纸伞”。

生 3：还有“丁香”“篱墙”。

师：大家一下子就将这首诗的主要意象找出来了。其中，“我”与“丁香姑娘”是最主要的；其他四个是次要的。为了更好地鉴赏这首诗的内容和情感，我们不妨从四个次要的意象开始解读。

师：我们先来看“雨巷”这一意象，大家知道，戴望舒生于浙江，属于典型的江南诗人。那么在丁香花开放的江南，应该是春天，而春天的江南，无疑是个多雨的季节，所以，文中写的是——

生（齐）：雨巷。

师：对，是雨巷。在诗中，雨巷具有什么特征呢？

生（齐）：“悠长、悠长，又寂寥的雨巷”。

师：这里面，诗人面对雨巷，给了两个词语：“悠长”“寂寥”。这里面，自然与抒发自身情感有关。但胡老师也认为，也与“雨巷”本身的特点有关。大家说说，江南的巷子常常有什么特点？

生1：很狭长，很窄。

生2：很古老，很破旧，有颓圮的篱墙，有历史的沧桑感。（掌声）

生3：巷子常常由青石板铺成，青石板质地密实，强度中等，易于加工，可采用简单工艺凿割成薄板或条形材，是理想的建筑装饰材料。用于建筑物墙裙、地坪铺贴以及庭院栏杆（板）、台阶灯，具有古建筑的独特风格。巷子是江南区域文化的一个载体。（掌声）

生4：巷子本身就狭窄、破旧、沧桑。具有历史文化的厚重感，再加上春天江南绵绵不绝的雨，诗人面对雨巷，联系自身遭遇，自然就觉得很寂寥，因为满腹心事，所以小巷子走起来就觉得特别的悠长。（热烈掌声）

师：诗人戴望舒生在江南，他选取具有区域文化特色的巷子作为意象，自然有更深层次的情感倾诉。刚才的同学分析得已经很精彩了，我就不再赘述。下面我们再看“丁香”这一意象。丁香，文中是怎样形容的呢？

生（齐）：“愁怨、芬芳、忧愁、哀怨、彷徨”。

师：除了“芬芳”，好像都是一些很伤感的形容词啊！

生：是的。

师：江南盛产丁香，每年4月前后最盛。历代很多诗人钟爱丁香花，写了很多关于丁香的诗。我们一起读一读这些诗，看看我们能否感悟到一些什么？（投影，学生读。）

摊破浣溪沙

李　璟

手卷真珠上玉钩，依前春恨锁重楼。风里落花谁是主，思悠悠。　青鸟不传云外信，丁香空结雨中愁。回首碧波三峡望，接天流。

代赠

李商隐

楼上黄昏欲望休，玉梯横绝月如钩。芭蕉不展丁香结，同向春风各自愁。

丁香花

许邦才

苏小西陵踏月归，香车白马引郎来。当年曾绾同心结，此日春风为剪开。

师：同学们读完了这三首诗词，发现了什么呢？

生 1：诗人借丁香写愁绪。

生 2：第二首和第三首着意表现的是丁香结。

生 3：可能是打不开“心结”，常常愁怨吧。（笑声，掌声）

师：是的，丁香花白色或紫色，颜色都不轻佻，常常赢得洁身自好的诗人的青睐。同时，丁香开花在仲春时节，诗人们对着丁香往往伤春，所以说丁香是愁品；再加上丁香形状像结，易凋谢；因而多愁善感的诗人常常用丁香来表达——

生（齐）：愁怨、忧愁、哀怨和彷徨。

师：是的，这里的丁香，被赋予了文化的意味，已经不单单是一种花了。在诗人戴望舒出生的江南，丁香花在白色恐怖的政治环境中，带给诗人的自然是抹也抹不掉的愁绪了。

生 1：其实，我也认为油纸伞也是江南特色，发现油纸伞下演绎了很多经典的爱情。我读过《白蛇传》，许仙与白蛇在西湖断桥以红伞为媒，同伞遮风雨，结下千古奇缘的佳话。（掌声）

生 2：我也这么认为，大家一提起江南，就有青石巷、油纸伞，都很悠远、怀旧。（掌声）

生 3：这么说，“颓圮的篱墙”也是江南的特色，在江南，古老房子的墙体常常用密植的竹子、树木或交叉的枝条等做成；这种墙垣经历历史的风霜，常常容易被侵蚀剥离，产生颓圮，让人内心更加感伤。（掌声）

师：大家这么一研究，就发现了这些意象的文化底蕴，现在，我们来看“丁香姑娘”。

生1：像花一样的姑娘。(笑声)

生2：一定很美好！有花的芬芳，令人无尽遐想。(笑声，掌声)

生3：是一个如花的，撑着油纸伞的姑娘。好古典、端庄、淑雅！

生4：丁香有愁结，有哀怨，所以这个姑娘很冷艳，也很酷。(笑声，掌声)

生5：我觉得，“她静默地走近/走近，又投出/太息一般的眼光”，而后“她飘过/像梦一般地，像梦一般地凄婉迷茫”。觉得“太息”“凄婉迷茫”，这个丁香姑娘楚楚动人，又令人同样的感伤。(掌声)

生6：这个姑娘身上，具有丁香花所有的特点；同时，也具有江南姑娘典雅端庄的特点，还有……

师：还有什么呢？

生6：好像还有诗人自己的特点。因为处于白色恐怖阴影下的诗人，同样也是凄婉迷茫的。(掌声)

师：我们能不能这样去推想：丁香姑娘一方面是美好的事物，是诗人着意追求的；另一方面呢，本身也是一种自我，只不过呢，性别不一样，而美好的本质是一样的；这种美好的本质，应该是诗人的理想、愿景和希望。当美好的理想、愿景和希望遭遇现实的无情影响，于是就变成了一个结着“愁怨的”“凄婉迷茫”的姑娘。(掌声)诗人在这里，赋予了多少苦心和用心啊！(笑声，掌声)

生7：听了老师的清理，我发现诗人在诗尾时说“我希望飘过/一个丁香一样地/结着愁怨的姑娘”，是不是就可以这样理解：虽然理想渺茫难以实现，但诗人仍然怀着对理想的追求和憧憬。(掌声)

师：是的，你的理解非常对！

生8：那诗中的“我”这个意象，也好理解了，我们自然可以理解为诗人。最有意思的是，丁香姑娘也可以指另外一个“戴望舒”——另外一个“我”。

师：为什么整首诗始终笼罩着一种凄婉的美呢？

生1：我认为主要是选择的意境好。

师：好在哪里呢？

生2：首先选择江南雨巷作为背景，本身就具有江南温婉的特点，而江南女子也具有柔弱典雅的特点(笑声)；再给她一个道具——油纸伞，就更加高洁端庄古典了，让人向往！同时选择江南丁香作为人物特质，极富文化的内蕴及美

感。再加上颓圮的篱墙，可以想见的青石板，江南柔动的春雨，自然就形成了一幅极富地域特色、文化特色的凄婉画面。(热烈掌声)

师：对，诗人戴望舒采集了极富江南地域特色的意象来传递自己的情感，可以说达到了非常有艺术水准的高度，让人读后爱不释手。这是戴望舒的才情，也是区域文化彰显的独特魅力。胡老师在想，我们能否结合一些古诗词传递给我们的独特文化意象，向戴望舒先生学习学习，来仿照着写一写现代诗呢?

生(齐)：好!

师：那大家拿出笔纸，就你以前学过的古代诗歌或者古代文章，选择一些有文化特色的意象，尝试着写写看。(学生写作，讨论，然后推荐学生交流。)

生1：我的题目是《梦》，学习《雨巷》之后，有感而发，写下此诗。

雨，
夜袭。
残星几?
雾失楼台，
赏月竟无处。
白衣苍狗莫测，
雾洒断桥立水间。
烟雨潇潇清寒漠漠。
骤雨初歇雾未散。
有人隐伫桥头，
提一把绢伞。
如烟如影，
长徘徊，
不见。
醒。(热烈掌声)

师：以《雨霖铃》为蓝本，选择富有江南特色的楼台、断桥、烟雨、绢伞为意象，很有特色!

生2：魂断江南——写给《醉花阴》中的李清照

夕阳余晖浸染了西边世界/南飞的大雁温暖了半边天/你憔悴的身影渐行渐远/仓促地消失在了地平线/黄泉路边的曼珠沙华是否开得正艳/站在望乡台上你是否看见了我的泪眼/举步忘川你是否回想起我们曾经的笑靥/喝下孟婆汤你是否还

记得我们今生的情缘！

千言万语遗散在风间/温热的泪花模糊了我的双眼/再也无法触及你的眉间/再也无法倚在你的胸前/那么多的话语还未传达到你的心间/那么多的心愿还未来得及去实现/我甚至来不及和你说一声再见！

魂断江南/我那破碎的千疮百孔的心又有谁人会怜/烧一纸荒凉留作祭奠/燃一盏香炉不住思念/只盼来世/能与你相见/作一对双飞燕/抑或化蝶蹁跹/穿越时空的界限/陪伴在你的身边。(热烈掌声)

师：选取《醉花阴》中典型意象，重新立意，诗的境界为之一新！

生3：秋日情思——由马致远《天净沙·秋思》所想

残阳将天的唇轻轻咬破/把那抹血迹留于云之末/嗒嗒的马蹄声缓缓踏过/踏过乡间小陌//古道还泛着属于青苔的墨/瘦马仍在思索/思索下一步该往哪落/马上的人儿微醺//西风吹过却还未清醒/看溪水潺潺流过桥底/水里/倒映着老树上昏鸦的影//干枯的藤条缠绕着老树的皮/勒得他不能呼吸/而断肠人的心/此时最深的一隅/弥漫的全是想家的心绪//马蹄声渐渐远去/一人一马的身影/也就溶在了啊/残阳的光晕里（掌声）

师：选取古道、瘦马、西风、小桥、昏鸦、枯藤等意象，串联成很有文化内蕴的现代诗，必须赞！

生4：相望于银河——《迢迢牵牛星》

她端坐于机杼前/摆弄着梭子/云裳从指尖流出/无尽的思绪/顺着脸颊滑落——/轻轻地，在耳边/妹妹，七夕了……//他伫立在骄阳下/挥舞着锄头/犁从脚下延伸/无尽的思绪/凝在眼眶打转——/远远地，从身后/爹爹，初七了……//银河的这边/是她/银河的那边，是他/彼此脉脉相望//她的泪水涌了出来/脸上留下两道淡淡的清痕/他的泪水噙在眼里/嘴唇却不可避免地颤动着/遥隔银河/脉脉相望/遥隔银河/脉脉相望……（掌声）

师：从古诗中抽拔出“牛郎织女”的故事，以现代诗的形式演绎，非常悲情！

生5：悲伤的乐曲——《孔雀东南飞》

时光不断流转回从前/天空是幸福的布景/思绪漫天相嬉戏/无力的哀叹/倔强的坚持/耳边的誓言还在回旋/甜甜的思念/涩涩的埋怨/谁的情绪在彷徨/如今黄叶无觅处/散下落叶化香泥/天高云淡南飞燕（掌声）

师：以黄叶、香泥、飞燕的形象作结，悲伤的乐曲让人肝肠寸断啊！

生6：我和你——《离骚》

我/似暮雨潇尘/欲染成天际一道绚丽残阳/而你/如霜风渐渐/泻下了许久的苍白与凋零

我/夕阳难逝/欲挽苍天一妩媚/而你/暗夜当空/却抛下红衰翠减

我和你/曾经是那么相依相惜/而今/只留江水无语东流去（掌声）

师：借助残阳、霜风、红衰翠减等意象，传递对屈子的真情，好！

生7：浪漫的古人

一轮明月，或山盟海誓，甜蜜浪漫；或举头望月，思家念乡/

一杯醇酒，或举杯畅饮，宣泄豪情；或点滴斟酌；叙情念旧/

一亩方田，或垂腰耕种；或隐居悠然/

一条江水，或感慨英雄豪杰；或赞叹风流人物。

师：以明月、醇酒、方田、江水为意象，勾连了大量的诗歌，视野开阔，好！

师：同学们，今天这节课，内容含量是相当丰富的。我们从《雨巷》中富有区域文化特征的意象入手，别有新意地解读了这样一首经典现代诗。同时，我们从这首诗中获取了有益的启示，围绕富有文化底蕴的古诗词世界，进行了现代诗的课堂演练，在演练的诗歌中，有的意象是区域文化的象征，有的是我们中华文化的象征，是一个更大区域里的文化意象。关注区域文化，在诗歌中以文化意象为载体，就会让我们的诗歌更有文化的厚重感和亲和力，希望同学们掌握这种写法，让我们读诗、写诗，更上一层楼！（长时间鼓掌）

这节课，紧紧围绕诗歌意象的地域文化特征来展开，充分挖掘了“丁香、伞、雨巷、姑娘、我”等富有江南地域文化特色的因子来展开，将诗歌的内容解读不断深入，同时也富有新意。学生在品评把握的过程中，深受启发，并现场进行了类似的诗歌创作，通过创作反馈出来的诗歌作品，很好地印证了本节课的教学效果，的确，学生是很喜欢这样的文化课堂的。

三、《将进酒》教学实录

这是一节从酒文化角度解读《将进酒》的最新尝试，其阅读价值在于：一是怎么通过一个文化因子解读全首诗歌的；二是怎么由一个文化因子而进行专项的文化研究性学习的。

教学重点：《将进酒》的深沉感情

教学难点：诗词与酒文化

教学过程：

师：同学们，大家知道，李白是唐代最伟大的浪漫主义诗人，这个诗人写了大量浪漫主义诗篇。有人做过统计，认为李白80%的诗歌都或多或少与酒有关。大家在课前回忆一下，李白写过哪些与酒有关的诗歌呢？

生1：我们以前学过《月下独酌》："花间一壶酒，独酌无相亲。举杯邀明月，对影成三人。"（掌声）

生2：我们之前学过《宣州谢朓楼饯别校书叔云》："抽刀断水水更流，举杯消愁愁更愁。人生在世不称意，明朝散发弄扁舟。"（掌声）

生3：还有《行路难》中"金樽清酒斗十千，玉盘珍馐值万钱"；《山中与幽人对酌》中的"两人对酌山花开，一杯一杯复一杯"。（掌声）

生4：有《客中作》："兰陵美酒郁金香，玉碗盛来琥珀光。但使主人能醉客，不知何处是他乡。"有《梁园吟》："……连呼五白行六博，分曹赌酒酣驰晖。"有《答王十二寒夜独酌有怀》："……人生飘忽百年内，且须酣畅万古情。"有《把酒问月》："……唯愿当歌对酒时，月光长照金樽里。"（热烈掌声）

师：同学们课外积累得可真多啊！（笑）其实，作为一位爱酒的大诗人，他的同时代人杜甫以及他的后来人，都对他的爱酒有过记录，大家看投影，我们一起读一读。（投影，学生读。）

饮中八仙歌

杜甫

李白一斗诗百篇，长安市上酒家眠。天子呼来不上船，自称臣是酒中仙。

读李白集

郑谷

何事文星与酒星，一时钟在李先生。高吟大醉三百首，留著人间伴月明。

师：李白爱酒，举世闻名啊！今天，我们一起走进他的又一篇写酒力作——《将进酒》，大家先听老师范读一遍，大家注意一下字音和停顿。（教师朗读）

（热烈掌声）

师：同学们，这篇《将进酒》原是汉乐府短铙歌的曲调，题意为"劝酒歌"。作者这首"填之以申己意"的名篇，约作于天宝十一年（752）。由于受到排挤，李白离开长安，开始了以东鲁、梁国为中心的第二次漫游。当时，他与友人岑勋在另一好友元丹丘的颍阳山居为客。他们登高畅饮，对酒当歌，畅抒满腔不平之情。此作就是他咏酒抒情的产物。下面大家根据老师的范读提示，注意字的读音和行文停顿，自己尝试着读一遍。(学生自读)

师：大家读时注意“钟鼓馔（zhuàn）玉、斗酒十千恣（zì）欢谑（xuè）”等生字词，我们一齐将这首诗读一遍。(学生读，较顺畅。)

师：大家读得不错，我们常说“酒逢知己——”

生（齐）：千杯少。

师：那么李白是怎么劝酒的呢？

生1：“会须一饮三百杯。”

生2：“人生得意须尽欢。”

生3：“将进酒，杯莫停。”

师：是的，这些句子可以看出诗人什么情怀呢？

生（齐）：纵情、放纵。

师：对！（板书）那大家再想想，李白为什么要劝酒呢？

生1：诗的第一部分有“人生得意须尽欢，莫使金樽空对月。天生我材必有用，千金散尽还复来”的句子，应该可以理解为“人生短暂，要及时行乐”才好，所以劝酒。(掌声)

生2：开头几句“君不见黄河之水天上来，奔流到海不复回。君不见高堂明镜悲白发，朝如青丝暮成雪”，采用了夸张和比兴的手法，更能看出“人生短暂”的悲叹！(掌声)

生3：我从“天生我材必有用，千金散尽还复来”看到了李白的那种高度的自信、旷达与豪放。只是这种快乐是暂时的。

师：为什么是暂时的呢？

生4：因为诗的第二部分有“陈王昔时宴平乐，斗酒十千恣欢谑”句，是说自己像曹植一样备受排挤，怀才不遇，有志难展。这既是对陈王昔时宴饮的倾慕，更是对现实遭遇的愤恨与控诉。(热烈掌声)

生4：我也看到诗的第二部分有“钟鼓馔玉不足贵，但愿长醉不复醒。古来圣贤皆寂寞，惟有饮者留其名”的句子，应该是他有些怀才不遇，因而借酒浇愁。(掌声)

师：大家解读诗歌真的很有水平！我赞成大家的理解。胡老师现在明白了李白为什么要劝酒的原因了。但是胡老师还是不明白，酒能消愁吗？

生（齐）：不能！

师：那，对于李白来说为什么不能消愁呢？

生5：我留意到，诗的第二部分有“主人何为言少钱，径须沽取对君酌。五花马，千金裘，呼儿将出换美酒，与尔同销万古愁”，他是个感性的人，他狂放不羁，是个浪漫主义诗人，这便注定他在官场上的失败。（掌声）

师：是的，李白一方面豪放自信，认为“天生我材必有用”；另一方面却怀才不遇，“但愿长醉不复醒”；因此想用酒来排解这一矛盾，但是“借酒消愁愁更愁”，整首诗的情感线先是“悲”，然后“乐”，接着“愤”，最后“狂”，通过劝酒，诗人的情感豪放而愤激，深沉的情感借助酒，得到了充分的张扬。（掌声）

师：最后，我们一齐将《将进酒》齐读一遍，最好能够当堂背下来。（学生齐读，有的背诵。）

师：很好，大家基本上都能背诵了。这篇课文，我们解读的一个核心字是“酒”字，其实，我们中国古代诗词，很多都与“酒”关联，形成了一种很特别的酒文化。课前胡老师要大家搜集整理一下中国古诗词与酒的关系，并且分了小组。下面，大家先分小组讨论交流一下，然后推荐小组的发言人，课堂交流一下我们课外的探究结果。（学生分小组讨论交流，推荐发言人。）

师：徐徐掀开历史的长卷，不难发现，历代文人墨客与酒结下了不解之缘。得意之时，酒来助兴，映出英雄本色胸襟；潦倒落魄之际，酒来遣愁，抚慰谪客征人忧郁凄怆心怀。中国古典诗词中的酒文化绵绵不绝，无尽无休，滋润着诗人或豪放或深沉或缠绵或愤激的心灵。那一首首浸润着生命本真的诗词如一坛坛佳酿，历久弥香，醇厚悠长，依然陶醉着品味它们的人们，也形成了独具魅力的酒文化。文人与酒之间，总是有着说不尽的种种情缘。酒及饮酒行为，已经被文人墨客注入了丰富的文化内涵。在文化人圈子里往往是诗增酒趣，酒扬诗魂；有酒必有诗，无酒不成诗；酒激发诗的灵感，诗增添酒的神韵。因此，酒文化也就一直影响着中国几千年的诗词创作，中国文学史上也出现了数不清的与酒有关的旷世名篇。下面，我们请各组的发言人总结他们的探究成果。

生1：我们小组探究的是“魏晋文学与酒文化”。魏晋文学，有以曹氏父子为代表的建安文学，以阮籍、嵇康等竹林七贤为代表的正始文学，还有大诗人陶渊明。他们虽然文学主张不同，作品风格各异，但却都留下了与美酒有关的千古佳作。建安诗人通过饮酒，倾吐出慷慨悲凉的生命之歌，酒成为他们认识自我，并试图超越自我的手段和工具。其中的代表作，是曹操的《短歌行》：“对酒当歌，人生几何？譬如朝露，去日苦多。慨当以慷，忧思难忘。何以解忧？唯有杜康。……”这首诗的格调慷慨悲凉，深沉雄壮，它表达了曹操的政治愿望和人生抱负，以及治理国家和社会的理想。虽然诗人感慨生命有限，但并不让人觉得消沉，究其原因，乃在于他的“对酒当歌”——正是酒力的烘托，使诗人的慨叹得以升华。

残酷而又富有魅力的魏晋时代，产生了一个特殊的名士群体。体现在他们身上的那种潇洒不群、飘逸自得的精神气质，被后人称之为“魏晋风度”。魏晋风度的一个重要道具和象征之物，就是“酒”。是否饮酒甚至成为判断一个人能否称得上“名士”的标准。《世说新语·任诞篇》有这样的记载：“王孝伯言：名士不必须奇才，但使常得无事，痛饮酒，熟读《离骚》，便可称名士。”这句话虽然颇有些调侃的味道，但也反映出了当时社会对饮酒的重视程度。

竹林七贤中的人物，都是能饮善文者，而其中的刘伶、阮籍更是与酒有着莫大的关系。刘伶嗜酒如命，常常大醉不醒，自称“天生刘伶，以酒为名”，还作了《酒德颂》。阮籍喝起酒来，能够一醉两个月。之所以会这样，和当时动荡不安的社会政治背景有关。对他们来说，酒是逃避现实的最好工具，醉乡是他们安全的港湾。在险恶的政治环境中，阮籍以酒买醉，佯狂避世：“时率意独驾，不由路径，车迹所穷，辄恸哭而返。”（《晋书·阮籍传》）他其实是以酒来显示自己狂傲不羁、超脱世俗的名士之风。

晋代的大诗人陶渊明，更是一个能饮善诗的大家。诗与酒，共同注解着他的作品和人生。他以酒作为媒介，将酒与人生密切联系起来，把饮酒提高到哲理和艺术的层次。陶渊明在《五柳先生传》里这样描述自己：“性嗜酒，家贫不能常得。亲朋知其如此，或置酒而招之。造饮辄尽，期在必醉；既醉而退，曾不吝情去留。”其实他是在这“醉”的境界中，忘却荣辱得失和人生的悲喜。陶渊明所追求的是一种返璞归真、天人合一的境界。只有忘记世事、超脱现实，才可能达到这一境界。而世事又偏偏难以忘怀，现实更难以超脱，于是只好借助于酒，来使自己获得暂时的解脱。这正是陶渊明痴迷于酒、“期在必醉”的根本原因。

历代文人文化精神的积淀，尤其是陶渊明诗酒结合的生存方式，深深地影响了中国文人的文化心理。陶渊明之后，诗酒结缘的文化心态便在中国文人心里深深地扎下了根。酒已不再只是一种普通的饮料，饮酒不仅是为了解渴过瘾，而是一项高雅的文化活动。酒成了文人骚客得以表现风流儒雅风度的不可缺少的工

具。（热烈掌声）

生2：我们小组探究的是“唐诗中的酒文化”。在中国历史上，诗与酒结合的最鼎盛时期，当是唐朝。可以毫不夸张地说，脍炙人口、流传千古的唐诗几乎有一半是在酒兴中写出来的。唐诗中有相当的名篇，都与酒有关。且不说李白的《将进酒》《把酒问月》《月下独酌》，杜甫的《饮中八仙歌》，王维的《渭城曲》，孟浩然的《过故人庄》，王翰的《凉州词》，白居易的《问刘十九》《劝酒》等一系列咏酒诗，即使那些并非咏酒的名诗，也有许多是诗人酒后之作。

李白与酒，有着特别的不解之缘。酒使得李白狂放不羁的个性得以尽情展现，也使得诗人笔下的诗歌更富有激情和感染力。李白一生留下了大量的饮酒佳话，与之对应的，也留下了大量的饮酒诗。其中最具有代表性的当数今天学习的《将进酒》，酒力的刺激，使诗人的创作天赋得到充分的发挥。虽然感叹岁月蹉跎，功业未就，但语句却无比雄奇，充满豪气，看不到任何颓废之处。在醉饮之中，诗人忘掉了现实世界所带来的孤独、痛苦、悲伤、忧愁与迷惘，重新回到物我两忘、自在逍遥的状态。在这种情况下，诗人的个性和才华才能获得充分的发挥表现。（掌声）

生3：我们小组探究的是“宋词中的酒文化”。随着时代的变迁，词渐渐兴盛起来。宋朝的词酒关系和唐朝的诗酒关系比较起来，也有了一些变化。唐朝咏酒诗所表现的内容范围较广，表现忧国忧民等重大题材的占主导地位；宋代饮酒词在内容上则主要集中表现词人的生活及围绕个人生活而产生的种种情感。唐朝诗人主要是借酒来激发昂扬雄壮的胸怀，抒发渴望建功立业的豪情；宋代词人更多的是细细品味酒中的雅趣，再用词来徐徐倾诉人生的种种际遇和情怀。总的来说，唐代酒诗豪放雄浑，宋代酒词含蓄秀雅。

范仲淹“酒入愁肠，化作相思泪”，酒力发散的是思乡之苦；“浊酒一杯家万里，燕然未勒归无计”，边关豪情因为酒的催化得以加强。而晏殊的词多写四季景物、男女恋情、闲情逸致，反映富贵悠闲的生活。他的几首《浣溪沙》词，写得高雅富丽，带有一种凄婉的情调，最为人所称道：“一曲新词酒一杯，去年天气旧亭台”“酒筵歌席莫辞频。”在这几首词中，酒是一个不可或缺的意象。正是因为酒的催生、烘托与陪衬，词人才能够把自己的闲愁暗恨和离情别绪表现得如此含蓄、隽永、深沉。

大词人柳永的《雨霖铃》词，描绘了一幅酒中作别、酒后痛苦相思的画面：“……今宵酒醒何处，杨柳岸、晓风残月。此去经年，应是良辰好景虚设。便纵有千种风情，更与何人说。”分别时已经不胜酒力，伤感不已，酒醒后更加难以忍受这种离别之苦。在这里，对酒事的描写，不仅仅停留在饮酒的那一刻，而是延伸到酒醒以后，这是一个创新。同时，大文豪苏轼也爱酒。他把酒称作“钓诗钩”，并且还亲自酿酒，甚至专门著有《东坡酒经》传世。几乎他所有的名篇都与酒有关，比如《水调歌头》，在词中，苏轼发出“明月几时有？把酒问青天”的询问，抒发了“但愿人长久，千里共婵娟”的美好情怀。而这一问也因为酒的醇化具有了永恒的意义。

在被贬到黄州时，苏轼写出了著名的前后《赤壁赋》，还写出了《念奴娇·赤壁怀古》等许多不朽诗词，其中都离不开一个酒字。比如《念奴娇·赤壁怀古》，词人面对如画的江山，追想千古风流人物，思考如梦的人生，产生出无穷无尽的联想和感慨，最后只好“一樽还酹江月”，把一樽薄酒倾洒向东流而去的大江和空中的明月。酒后的人生感慨，也因此具有了更广阔的时空意义。（热烈掌声）

师：同学们，中华民族的文化源远流长，博大精深，酒文化是古代民族文化的重要组成部分，它醇香浓烈，别具一格，自古文人墨客都喜欢将喜怒哀乐倾倒进酒中，于是在酒中飘逸出一首首脍炙人口的诗篇。或抒发建功立业的豪情，或表现淡泊明志的旷达，或抒写离愁别绪的寄托，或寄寓闲情逸致的潇洒。酒是催化剂，“自古圣贤多寂寞，唯有饮者留其名”，自古多少文人，演绎了一段段精彩的人生篇章。让我们从酒文化中去理解大师们的喜怒哀乐，也从大师们的喜怒哀乐中去体会悠久的中华酒文化。（长时间掌声）

第四节　传记阅读教学实录

一、传记阅读教学的方法

传记阅读在新教材中有所突出，也是新教材的亮点之一。阅读古今传记，除了要搞清传主的生平遭遇和精神内核，笔者认为最重要的，是应该进一步开掘人物传记背后的地域文化特点，进而弄清传主形成精神内核的真正内因。那么，有什么好的方法呢？

第一，不妨从传主出生地的地域文化特点入手，去探寻传主人格精神的启蒙。比如我们学习《梁启超传》，不妨从他的出生地广东佛山的地域文化入手，那里有“敢为人先、开放进取”的岭南精神，同时他的出生地有南宋灭亡逃遁的古代遗迹，增强了他的爱国精神。了解了这些，我们就很容易地去把握梁启超的精神实质了。再比如我们教《项羽本纪》，他出身于武将门第，幼年即受到项梁、项燕尚武的家庭文化影响；生逢乱世，他心浮气躁，简单粗暴的性格在幼年时就可见端倪。从小看大，早年的地域文化、家庭文化氛围，是传主人格形成的最初土壤。

第二，不妨从传主久滞地的地域文化特点入手，去探寻传主人格精神的形成。比如我们教《在哈金森工厂》，那是邓小平同志留学法国期间的内容节选。当时的法国，是革命思想非常彻底的国家，在哈金森工厂，聚集着很多志同道合的勤工俭学的爱国志士，他们在革命思想浓郁的地域，接受着思想与精神的洗礼，磨砺着自身的精神与人格。再比如我们教《遨游在建筑天地间》，梁思成和林徽因都在美国念书，文章的第 1 段就介绍了宾夕法尼亚大学的情况和克雷的声望地位及学术造诣，表面上看似乎和文章没有关系，但实际上这部分内容是从侧面反映了梁思成和林徽因接受的是优质的教育，教育环境和老师都是优秀的，交代的是他们所处的地域文化的特点，这是他们后来能够做出突出成绩的基础。了解传主久滞地的地域文化，对解读传主非常有帮助。

二、《布衣总统孙中山》教学实录

教学重点：孙中山的人格精神

教学难点：岭南区域文化的人文精神

教学过程：

师：同学们，今天我们一起走近我们岭南最伟大的政治家孙中山先生。大家知道，孙中山（1866—1925），名文，又号逸仙，幼名帝象，化名中山。生于香山县（即今中山市）翠亨村的农民家庭，是中国近代民主主义革命的先行者，中华民国和中国国民党的创始人，三民主义的倡导者。他首举彻底反封建的旗帜，“起共和而终帝制”。这样一位大人物，在作家陈廷一的眼中，却是地地道道的——

生（齐）：布衣总统。

师：那他为什么被称为“布衣总统”呢？我们得首先搞清楚什么是“布衣”，（投影）大家齐读一遍，增加一点课外知识。（学生齐读）

我国是文明古国，是世界上最早生产纺织品的国家之一。用麻织出来的是“布”，而用丝织出的是“帛”。布与帛相比，前者质粗而价低，后者质精而价高。由于古代贵族穿帛衣服居多，庶人穿不起帛而只能穿布，所以“布衣”成了平民百姓的代称。后来多以此称没有做官的读书人。我们在古代不得志的文人文章里常常见到这一称呼。此外，还有一种“短褐”是用粗毛或粗麻织成的，为穷人所穿。

师：说孙中山先生是“布衣总统”，我们现在常说成——

生（齐）：草根总统。

师：对，通过对“布衣”的文化传统认知，我们确定孙中山先生是没有什么背景的草根总统，这真是咱们岭南人的骄傲啊！（掌声）我们下面快速浏览课文，注意生字词，然后想想，这篇传记写了孙中山先生的几件事？（学生浏览课文，讨论。）

生1：主要写了传主求见张之洞，他的生活简朴，他待客简朴，他出行简从，四件事。

生2：我觉得可以把第二件和第三件合起来，都是在写他生活简朴。

师：好的，我们可以按照第二个同学说的来把握传主。我们先看发生在传主身上的第一件事，也就是3到4段。大家想想，有什么能让你触动？

生1：他拜访张之洞，很有勇气，说明他早怀大志，令人佩服。

生2：他在名片上写“学者孙文求见之洞兄”，有学者的傲骨。

生3：我还注意到张之洞的“回贴”上写着“持三字帖，见一品官，儒生妄敢称兄弟”；而孙中山先生回复“行千里路，读万卷书，布衣亦可傲王侯”，对仗工整，体现了很好的文化素养，又彰显了传主不卑不亢的精神。（掌声）

师：我也非常赞同这位同学的观点，张之洞为什么一见回复，“大为吃惊”“大礼相见”呢？我们来细看这两句（板书）：

持（三 字）帖，见（一 品）官，儒生［妄］敢 称 兄弟

行（千 里）路，读（万 卷）书，布衣［亦］可 傲 王侯

这两个句子，动词对动词，数量词对数量词，名词对名词，副词对副词，实对实，虚对虚，且表意上下衔接，平仄对应，的确对得滴水不漏，可见，具有中国传统文化熏陶浸染的孙中山，自然一下子得到了爱才惜才的张之洞的好感。

（掌声）

生 4：在这里，我还发现孙中山先生身上的一种精神，那就是咱们岭南人敢拼敢闯的精神。（笑声，掌声）

师：也算是吧！只要意志坚决，可以面对一切困难。好了，我们现在来看第二部分的内容，这个部分主要讲述孙中山先生生活的简朴。大家快速浏览这一部分，想想这一部分哪些内容让你感到触动？

生 1：我喜欢中山装。

师：为什么呢？

生 1：因为穿起来精神啊！再说，这是孙中山先生创造的，“既大方，又好看，又便宜”。既可以看出他生活的简朴，又可以看出他的创新精神。这种精神，也是咱们岭南人的精神啊！（掌声）

生 2：我觉得是“敢为人先”的精神吧！（掌声）

生 3：这件衣服是把“当时流行的学生装安上翻领，改成四个口袋的一种新式服装来穿”的，也体现了咱们岭南人“兼容并包”“善于接纳”的开放胸襟与气概。（掌声）

师：你们真的很会和今天的教学主题结合啊！（生笑）其实，关于“中山装”，孙中山先生还有更详细的解读，我们一起读一读。（投影，学生齐读。）

作为中国新的民族服装。孙中山曾阐述该服装的思想和政治含义：衣服外的四个口袋代表“国之四维”（即礼、义、廉、耻），前襟的五粒纽扣和五个口袋（一个在内侧）分别表示孙中山先生的五权宪法学说（行政权、立法权、司法权、考试权，还有监察权——领口纽扣和内侧口袋，以彰显监察权的人民监督作用）；衣领为翻领封闭式，表示严谨的治国理念；衣袋上面弧形中间突出的袋盖，笔山形代表重视知识分子，背部不缝缝，表示国家和平统一之大义。

师：大家知道了吧，咱中国人讲究穿衣，有自己的穿衣文化，也叫服饰文化。由孙中山创造的中山装，自然也有他自己的解读，这种解读，就让我们不难理解后来的著名人物如蒋介石、毛泽东、周恩来、邓小平都常穿着中山装的原因了。（掌声）

生 4：文章第 9 段说“在总统府内，一般人每餐菜金都在三元左右”，而孙中山先生却控制在四角左右；而后文中的唐昭仪来访，孙中山先生比较尴尬地待客，可见一国总统的简朴，这与当今习总书记厉行节约的作风一致，具有很强的现实意义啊！（笑声，掌声）

生5：因为勤俭节约不仅是一代国父的风范，也是中华民族传统文化中最核心的人文精神。

生6：地方大员唐绍仪和伍廷芳到访，居然感到不适，而孙中山先生却吃得“津津有味”，这说明孙中山先生不是故作姿态，而是一贯如此，充分体现了他作为布衣总统的生活本色。（掌声）

师：通过同学们的交流讨论，我们发现生活中的孙中山先生穿着上简朴，且具有创造性；在饮食起居上更是厉行节约，为他人做表率，充分体现了伟人身上突出的人格魅力与文化精神的折射。下面，我们来看第三部分，即出行简从。从课文的第15段到25段。在这一部分里，你有哪些触点呢？（学生讨论，发言。）

生1：文中说“孙中山常利用休息时间书写‘自由’‘平等’‘博爱’的横幅赠给同志，勉励他们”，休息也不忘使命，我觉得这里体现了咱们岭南人“务实进取、敬业奉献”的精神。（掌声）

生2：要说“务实”，还得看这样的描述：为了避免惊扰群众，他总是悄悄出巡，不声不响。当市民为此张灯结彩，他却说：不必惊扰众人，我们还是改道走吧！这些话语，到今天，听起来还是那么耳熟啊。（笑声，掌声）

师：是的，现在我们的总理、国家领导人都似乎是在向孙中山先生学习呢！

生3：给我触点最大的，是民众主动剪辫子。

师：为什么？

生3：因为在中国几千年的封建传统中，男人留辫子，是人们在长期生活中留存下来的心理同构，是不会轻易改变的。（掌声）

师：是的，辫子对于中国男人来说，很长一段时间都是与生命同等重要的，我们一起来读一下下面的文字，增强一下了解。（投影，学生读）

在漫长的历史过程中，汉族人受“身体发肤，受之父母，不敢毁伤，孝之至也”（《孝经》）的思想束缚，小孩生下地来，任头发自然生长。到了应该上学读书的年龄，把头发因势理顺，挽结成髻，叫作“束发受书”。除非出家当和尚，削发为僧，头发是不能剪也不能剃的。古代的统治者，还制定了“髡刑”，把剃去头发以容易辨别作为惩治罪犯的一种手段。这就是太史公司马迁说的“剃发受辱”。曹操兵临南阳，因座马惊奔踏了禾苗，触犯了他自己规定的“践苗者斩”的禁令，“割发权代首”，以儆效尤。总之，在漫长的人类发展史上，汉族的头发一直被当作生命、荣誉的一部分，珍惜异常。

师：所以说，孙中山先生发起的辛亥革命，的确也是对封建传统糟粕的革命，是对旧文化的革命，让人们重新认识了“自由”“平等”“博爱”的先进思想。(掌声)

生4：我觉得“民主”“平等”“权利”很多只是表面上的。

师：你怎么突然这么说？

生4：群众见到孙中山的时候，一起高声呼喊：“大总统万岁!”一方面，让人联想起过去的“皇帝万岁”，而且没有直称“孙中山万岁”是名讳的原因，这些都表现出了普通老百姓的封建思想还根深蒂固；另一方面，这是老百姓自发的行动，而且由于受到沉积千年的封建思想影响，又没有接触到新的思想、新的教育，这是当时的老百姓所能找到的最能表达他们心情的话语。这个口号在今天看来不妥当，它反映了当时群众经过革命后，虽然思想上有了一定觉悟，但是仍未摆脱根深蒂固的封建思想的束缚，辛亥革命仅仅是“革命”的开始，“民主、平等、权利”的真正实现尚需一个漫长的过程。(热烈掌声)

生5：我也有同感。临时政府成立后，孙中山制定了一系列的革新政策，出巡时看到商品上换上了“共和”“庆胜”“北伐”等新商标，人们踊跃争先剪辫子，认为“民主”“平等”“权利”的观念已深入人心。但他没有意识到虽然推翻了封建帝制，却未清除人们头脑中的封建思想。男人踊跃剪辫子也许只是为了“剪辫者免费供肉面一碗”的奖赏。同时，上层官僚也是奢侈成风，没有从根本上与孙中山走在一起。他“自由”“民主”“平等”的思想在当时是先进的，但不合当时的国情。(热烈掌声)

师：大家越往后读，越发现了些问题。这很好。说明同学们阅读非常仔细，而且思考很深入。是的，这就是后来“北伐失败”“张勋复辟”“袁世凯称帝”等革命遭遇挫折的原因。但是，无论怎样，孙中山先生作为革命的先行者，他的丰功伟绩，是不能抹杀的！(掌声)

师：今天，我们通过这篇传记的学习，了解了作为岭南杰出文化名人的孙中山，及他身上折射出来的岭南人文精神，包括：“敢为人先、务实进取、开放兼容、敬业奉献”的岭南精神。我们还知道，在这样一个伟人身上，浸润着丰实的中华文化精髓，他在他的那个时代，秉承优质的人格魅力和胸怀，变革了一个时代的思想理念，剔除了很多的封建文化糟粕，割除了很多封建文化残余，这些，都会让我们岭南后生，不由得肃然起敬！(掌声)

师：学习这篇课文，我们也可以结合自己的先辈，来谈谈他们身上有哪些我们岭南人的精神。(大家先讨论一下，然后交流。)

生 1：我的叔叔，白手起家，在深圳开公司，非常务实，也非常敬业。

生 2：我的外公，早年在南洋打拼，现在，他在我们村里建学校和卫生院，体现咱们岭南人的奉献精神。

生 3：我的爷爷，活到老学到老，先是在佛山开茶庄，而后又开了一家咖啡店，中西结合，具有开放兼容的经商头脑。

生 4：我的叔叔，很早就进行网商连锁，现在在物流方面又有新的突破，颇有身家，在他身上，就体现了“敢为人先”的岭南精神。

师：大家的话匣子一打开，就收不住了！我想，我们身边肯定还有很多长辈，甚至是我们的同龄人，正在彰显我们岭南人身上难得的文化情怀。这些文化情怀，正是我们岭南人代代相袭的宝贵的精神财富。这和地理位置有关，与岭南作为全国开放前沿有关。我们的祖辈、先辈，我们的同龄人，正在继承和开创新的岭南文化精神。我们相信，在先进的文化精神引领下，我们的道路一定会越走越宽，生活，也会越来越精彩。(长时间掌声)

师：今天的课外作业，就是围绕我们身边的长辈，或者我们身边的同龄人，写一写他们身上体现出来的岭南文化精神。希望同学们能够从这样一篇传记中，从自己的实际写作中，获得更多的对岭南文化精髓的认识。

这节课，是站在岭南文化的角度来解读《布衣总统孙中山》的，在对文章的阅读指导过程中，适时进行了多角度文化的开掘与品评，有的是地域的，有的是中华文化的，课堂洋溢着浓郁的文化味。在把握孙中山当上总统之后的传记文本阅读中，是把他作为岭南文化代表人物来加以观照的，彰显的是岭南文化对伟人人格形成的重要作用。如此解读，使得岭南的学子更有身为岭南人的自豪感，自然会自觉效仿伟人，成为先进文化的继承者。而课后拓展部分的现场举例，无疑增强了学生对岭南人文精神的认同。

三、《方山子传》教学实录

这是一节面对武汉教师上的公开课，这节课的阅读价值在于：一是了解古代传记的一般教法；二是从传记的写法入手，结合自身的成长经历与文化背景，采用“微文言”的方式，写一篇自传，达到既关注自身的文化背景与成长经历，又可继承文言的目的。

教学重点：把握传主的特点

教学难点：了解文言传记的写法并写“微文言自传”

教学过程：

师：历史上有这样一个典故，叫“河东狮吼”。说的是古代的一个名人陈季常的妻子柳氏，每当陈季常宴客有歌女陪酒时，柳氏就用木棍敲打墙壁，把客人骂走。苏东坡借用狮吼戏喻其悍妻的怒骂声，作了一首题为《寄吴德仁兼简陈季常》的长诗，其中有这么两句：“忽闻河东狮子吼，拄杖落手心茫然。”河东是借用杜甫关于“河东女儿身姓柳”的诗句暗喻陈妻柳氏，另外柳氏也是河东郡（今山西省）的显贵姓氏。这首诗极为生动地记述了柳氏凶悍以及季常无奈的景况。后来人们便把“河东狮吼”作为妒妻悍妇的代称。亦比喻妇人妒悍，对丈夫大吵大闹。（笑声一片）

师：今天，我们就走进这样一个名人——陈季常，也叫方山子。课前大家预习了，我们先齐读一遍，注意一些字的读音。（学生齐读课文）

师：读得较好，看来大家预习得不错。下面胡老师继续检查一下大家预习的情况，大家看到第1段，其中：“宗”“折节”“遇”“庵”“蔬”“相闻”“遗像”怎么理解？

生1：宗：尊崇，崇拜，以……为宗，意动用法；折节：指改变志向；遇：逢时得志为遇，指得到赏识；庵、蔬：名词作状语；相闻：互相往来；遗像：流传下来的样子。

师：回答得不错。我们再看第2段，其中“适”“矍然”“萧然”“耸然异之”怎么理解？

生2：适：适逢，恰好；矍然：惊讶相看的样子；萧然：空荡荡的样子；耸然：惊奇的样子；异：意动用法，感到奇怪；这里，“然”字放在形容词词尾，相当于“……的样子”。

师：不错。我们再看第3段，其中“从”“挟”“怒马独出”“一发”“因”“马上”“见”分别作何理解？

生3：从：使动用法，使……跟从；挟：带；怒马独出：拍马独骑而出；一发：射一箭；因：于是；马上：在马上，作状语；见：“显现”的意思。

师：嗯，很不错。我们再看第4、5段，其中“显”“等”“阳”“傥”等作何理解呢？

生4：显：显赫；等：等同，相类似；阳：佯，假装；傥：是“倘”“或许”

的意思。

师：好，看来大家的确做了很充分的预习。下面，我们再把课文齐读一遍，初通其意。（学生齐读）

师：这是一篇传记文，我们先一起来看看，这篇传记的写作思路是怎样的？大家先看第1段。

生1：先扼要介绍了人物生平，说他是“光、黄间隐人也。少时慕朱家、郭解为人，闾里之侠皆宗之。稍壮，折节读书，欲以此驰骋当世。然终不遇，晚乃遁于光、黄间，曰岐亭”。

生2：这个简要生平包括：传主的出生地，他的少年时代、读书时代以及他的晚年。这其中，还概述了传主的重要变故。

生3：我觉得，第1段是一个总述段，将传主的基本信息给予了介绍。

师：对，这也是传记的一般写法，这样写让读者一开始对传主就有一个宏观的印象。大家再看下面的正文部分，它能给我们写传记提供哪些启示呢？（学生思考，然后回答。）

生1：首先交代了作者与传主的“交往”，“余谪居于黄，过岐亭，适见焉”。

师：对！

生2：然后介绍了传主的主要特点。

师：那传主有哪些特点呢？

生1：他在生活态度与道路上特立独行。这从第1段中“庵居蔬食，弃车马，毁冠服，徒步往来山中，所著帽，方屋而高”可以看出来；还可以从“少年——血气方刚，一身侠气；成年——折节读书，有志用世；晚年——无所遇合，遁世”也可以看出来。

生2：他待人接物的方式也很特别，“不与世相闻，人莫识也”。

生3：他的家庭情况可能促使了他的这种作风，从“少时使酒好剑，用财如粪土”，“世有勋阀，岁得帛千匹”可以看出。他的确是个很奇怪的人。（学生笑）

师：他的确奇怪，那大家想想，方山子为什么奇怪呢？

生1：我想他早年“欲以此驰骋当世，然终不遇”，受到了挫折。

生2：后来“表彰陈慥淡泊自守的高洁品德”，是想以此自勉。

生3：我想他这样奇怪，也是借此流露出同为“不遇”的感慨吧。

师：是的，方山子本来想“达则兼济天下”，结果怀才不遇，只有“独善其身”了，他身上体现出了封建文人士大夫的一般精神走向，他身上的“奇”，就是文人士大夫身上流淌的高贵的血脉。当时，苏轼也是被贬，这里面，其实作者也有借传主来折射自己的意思，即借他人之酒杯浇自己的胸中之块垒。（掌声）本篇传记的传主之所以那么奇特，也反映了作者不屈于现实的精神高标。（掌声）好，大家再将课文齐读一遍。（学生读课文）

师：读完课文，方山子给我们留下了深刻的印象，这给我们的写作启示是什么？

生（齐）：要写出传主的个性。

师：对，要写出传主的个性。我们下面就结合今天讲授的传记的基本写法，在课堂上用 5 分钟的时间，用文言来给自己写一则小自传，要求写出个性来。（学生兴奋，现场写作 5 分钟。）

师：大家先交流一下，然后推荐学生起来念一念自己的自传。（学生交流，推荐，发言。）

生 1：吾乃曾氏之女，名曰颖琳。今学于三中。吾常以宽容待人，然亦有时躁焉。余遂安于平淡，霍然间，人生已度十六载春秋，无甚惊人之举，与人不奇。每遇假日，余辄居不出，好要三五好友小聚长谈。颇爱西方文学，亦视其为闲时解闷之物。余亦爱享丝竹之乐，作美画，数获奖。吾欲于他日游学西方，是故勤勉于洋文，望偿夙愿。吾位卑未忘忧国，吾将穷毕生之力，以报吾国。（掌声）

师：写了自己的生平和爱好，不错！

生 2：余姓林，字雪琪，号雪球，三中人也。吾自幼好食，故身形日益似雪球，因以为号焉。游泳，跑步，打羽毛球吾之爱好也，而吾非善之。吾亦好学，物理，生物，化学皆吾之兴趣所在也，而吾非善之。可笑乎！吾母，爱吾甚矣，而吾亦爱吾母。吾母似吾友，常慰吾于吾之落寞时。呜呼！今反观之，吾赖之甚深矣！吾之考勤者，数迟到，每每于小梅遇吾，岂非不幸哉。思其前后，安能迟也？赞曰，吾友曰："待友善于待己，良友也。若能长笑，定能增友焉。"（掌声）

师：主要写自己的特点，好！

生 3：吾姓李，名卓敏，年十六有余，广东广州人。好读书，常沉迷其中，废寝忘食。性开朗，时慵懒。然吾有赤子之心，坚毅之至，创新之意。吾待人甚善，乃高朋满座，胜友如云。视读书为人生一大乐事，虽不及圣贤尔。古人云："书中自有黄金屋，书中自有颜如玉。"吾喜文，恶理，故幸于四班就读。路漫漫其修远兮，吾将上下而求索。（掌声）

师：言简意赅，好！

生 4：余名梁楚君，花都人也，年十七，好阅报，国事民生皆为所阅。家有一年迈祖父，健在风趣。父母对余甚为关心而望余有所为，寄余厚望。为除祖父孤独，母养一幼猫以伴祖父。此猫可怜无比，为家中之乐。余学至今，除师传之道受之业，亦与许同学相识，至今亦为好友，常联系。余甚谢此好友，幸其于童时善遇吾，此使余倍感幸福。虽天下无不散之筵席，而余与友肝胆相照。凡人皆有志。余于幼时立志为师，而今变也。余志在为一外交家，为国为民做贡献。遂余需勤学苦练，为志而奋。此亦不负父母之厚望也。

师：立志报国，好！

生 5：吾姓黄名颖雯，岭南人。娴静少言，诚以待人。好读书，务求会意，每至精彩处，全然废寝。余尤喜睡。周末无事，即于是夜睡至翌日午时，至饿方觉。余亦好举杯畅饮，举觥筹而忘愁。欣喜之际，抑或失意之时，皆与友人共饮。至今，未尝醉酒，甚幸之。吾作息无定律，毋食正餐。正午时分，奔走于校外遍尝美食。吾日餐五六顿，体重倍增矣。吾好电视。尝记得有一金句合吾此人，曰："吾无德无能，无霜亦无尘。"（掌声）

师：写出了自己的真性情，也不错！

生 6：耳东陈，日尧晓，名阿晓。年十六，广东人也。好美乐，书画，二者乃此人大喜，如鱼得水矣。亦好历游名山胜水，闻其神来之巅，悟其细水长流。每登临于此，必心宽意舒，神游其中，怡然自乐。此人于文科班中，皆因理科惨不忍睹。虽如此，未尝不如人。古今中来，文字行游于生活，趣性字字可数。因此，文科为此人好之科也。（掌声）

师：个别地方需斟酌，总体不错！

生 7：梁氏灵钰，年十六，好文学，文理各科皆通习之，亦动亦静。甲戌狗年初，生于岭南地区，岁渐长，师从越秀，第三年春，转徙于东山，当时是，其得一好友，总角之宴，言笑晏晏，甚喜之。待到十二，与之分离，甚悲。秋至，从师于四十，师者，甚善矣，肃然敬之。古人云，三人行，则必有我师。再得二好友，齐习之，与之甚密，相以姐妹事之。从事三年，期间或喜或悲。及至十五，初入三中，师友待之而同窗和睦，与之融洽，甚喜。（掌声）

师：以时间为线索，有条不紊，好！

师：通过文言来写小自传，其实也挺惬意的！（笑声）一方面，我们通过传记的写作，熟悉了这种文体的基本写法；另一方面，我们也在关注文言，使用文言，对我们的文言学习也很重要；第三方面，胡老师认为也是最重要的一方面，那就是同学们在使用中更贴近了古代的文化。因为大家在使用词语、使用句式时尽量采用的是文言（尽管有个别还需要推敲），而且，在写作中还要考虑一些古代的文化常识，比如计时的、人物称谓的、天文的、地理的、习俗的等。文言在我们的日常生活中，可以增强我们说话、写文章的文化底蕴，特别是有些常见俗语、成语，还有一些文言名句名言。如果我们经常关注文言，甚至使用一些文言，就会让我们自身变得有气质起来，有文化涵养起来，变得与众不同。因为，文言，也是中华文化的重要载体和表现形式。(掌声)

师：在我们学校，有很多杰出的校友，他们从学校的历史中脱颖而出，比如变法先驱梁启超；民国初期交通银行总理、财政部次长梁士诒；粤剧名家梁玉嵘、曾慧等。他们为学校增加了荣耀的光环。作为他们的后辈校友，能不能给他们写一个传记呢？

生（齐）：可以！

师：大家可以到图书馆去查阅相关的书籍，也可以到电脑网络上去搜集相关资料，还可以去我们学校的档案馆查找资料，去梁启超故居等地方做实地考察。可以在历史的典籍中、富有地方特色的人物经历中，去感受这些杰出校友，特别是他们在佛山三中读书期间的种种表现。搜集好材料之后，然后动笔来写这样一篇有意义的传记，可以吗？

生（齐）：好！

师：最好是文言的小传记噢！

生（齐）：好！

师：学文言，用文言；学文化，用文化。这种感觉真好！下课！(掌声)

第五节　戏剧阅读教学实录

一、戏剧阅读教学的方法

戏剧作为一种文学体裁，自然在教材中占有一席之地，但是因为戏剧的篇幅问题，课文常常是节选。对于戏剧的教学，笔者认为除了常规的阅读教学方法之外（前文论述过），还可以有针对性地在地域文化方面进行比较深入的开掘。

一是在地域文化因子方面进行学习。比如老舍的《茶馆》，其语言具有浓郁的北京地方色彩。这是因为，老舍本人熟悉北京方言，特别是北京市民的语言，他是著名的“语言艺术大师”，其语言风格的独特性表现在提炼口语，纯净至极，清浅俗白，雅俗共赏；创造了“始则发笑，继则感动，终于愤怒”的幽默。如果在教学中抓住这些语言特色，相信对了解北京，理解北京人的心性，具有重要的作用。

二是在戏剧作品的背景中去发现地域文化，进而探索戏剧人物的特点与戏剧本身的现实意义。比如执教《长亭送别》，教者可以从山西的普救寺的文化内涵入题，进而对崔莺莺和张生故事的背景进行解读，体现地域文化在教学中的价值。如果不是山西的师生，当然可以采用多媒体手段进行间接展示，这样的文本教学，自然会给学生留下深刻的印象。

三是从作者的创作的地域文化背景去解读戏剧的现实意义。比如执教曹禺的《雷雨》，我们就要考虑到当时曹禺创作《雷雨》的地域文化背景。在近代的江浙区域，资本家的发家史与掠夺史，以及金钱社会下的人伦沉陷和救赎，都是我们解读这部戏剧的内在要素。而这些要素，与作者当时所处的地域文化背景密切相关，也与作品的背景相关联。

二、《长亭送别》教学实录

这是在山西上的竞赛课。该课内容是经典篇目，已经很难上出新意了，但是笔者从地域文化的角度加以解读，让所有听课的老师、专家、评委眼前一亮，在他们长时间的掌声中，我们再次感受到了地域文化教学的无穷魅力。

教学重点：崔莺莺与张生之间的爱情鉴赏

教学难点：普救寺体现的文化意蕴

教学过程：

师：同学们，我们山西永济市的峨眉岭，有一座闻名中外的寺庙，叫——

生（齐）：普救寺。

师：这座寺庙因为什么而闻名？

生（齐）：王实甫的《西厢记》。

师：大家知道，这座寺庙前就有一个大大的铜锁，上面写着——

生（齐）：有情人终成眷属。

师：这也是《西厢记》的主题。据说，这里每年都举行年轻人都很羡慕的节日仪式，是——

生：爱情文化节。

师：今年已经是第19届了。其实啊，在我们山西，很多青年男女希望能在普救寺完成他们的婚礼，举行一个值得纪念的仪式。纪念谁呢？

生：纪念张生和崔莺莺。

师：为什么人们这么感念崔莺莺和张生呢？

生：因为他们真挚的爱情。

师：说得对。胡老师也这么认为。我们今天要上的课文，只是《西厢记》里的一折，这折剧本就是《长亭送别》，主要是反映崔莺莺送张生进京赶考的内容，也是《西厢记》最精彩的内容。很多青年男女都特别喜爱，大家应该还记得一首非常好听的歌——

生：《长亭送别》。

师：我们不妨来听一下这首歌。（播放《长亭送别》歌曲）

长亭外/古道边/芳草碧连天/晚风扶柳笛声残/夕阳山外山/天之涯/地之角/知交半零落/一壶浊酒尽余欢/今宵别梦寒/长亭外/古道边/芳草碧连天/晚风扶柳笛声残/夕阳山外山/天之涯/地之角/知交半零落/一壶浊酒尽余欢/今宵别梦寒/长亭外/古道边/芳草碧连天/晚风扶柳笛声残/夕阳山外山。

师：大家听后有什么感觉呢？

生1：感觉有些伤感。

生2：好喜欢这首歌的歌词，因为很古典。

生3：旋律好美，也悠长，应该是离别人的心事悠长，有种诗意的感伤。（掌声）

师：是的，这首歌的歌词源自李叔同的《送别》诗，其中就有“长亭外，古道边，芳草碧连天”的名句。古代的“长亭”，本来就是意味着送别。李白《菩萨蛮》：“何处是归程？长亭更短亭。”柳永《雨霖铃》：“寒蝉凄切，对长亭晚，骤雨初歇。”通过这些诗句，我们不难发现，在中国古典诗歌里的“长亭”已成为陆上的送别之所，有特定的文化意味。今天我们学习王实甫的《长亭送别》，一开始就特别有文化意味。

师：在我们山西的普救寺，有一座大理石桥，桥边有钢索，钢索上挂满了一把把铜锁，这些铜锁据说是青年男女的定情锁，上面通常写着“永结同心，天长地久，情定西厢”字样。我们今天学习《长亭送别》，主要来体会里面折射出的真挚爱情。大家先看看剧本，我们不妨依据剧本的写景背景，从剧中男女主人公的角度，去体会这份爱情的真挚。

生（齐）：好！

师：那我们先从写景的背景看起，大家先齐读一遍课文，用笔画出剧中写景的句段，然后我们来讨论交流。（学生齐读课文，找出写景词句，然后讨论交流。）

生1：我觉得［端正好］的写景非常精彩，本来就是秋天，“愁”字“心上秋”，特别让人伤感，却见“黄花满地”，心中已是无限的失落、憔悴。“黄花”本是“菊花”，菊花是抗寒花类，却落了满地，这里应该带有很强的失落感。（掌声）

师：一切景语皆情语啊！莺莺深爱着张生，连秋天的菊花也飘落满地，这是何等的惆怅啊！

生2：这里是运用了夸张的手法。同样运用夸张手法的还有“晓来谁染霜林醉，总是离人泪”一句，这句话应该倒过来读，是离人的眼泪，染红了满目的霜林。在崔莺莺眼里，一切美好甚至是浪漫的景观，都成了欲说还休的悲伤。（掌声）

生3：［脱布衫］中，“下西风黄叶纷飞，染寒烟衰草萋迷”句，也具有同样的艺术效果，“西风黄叶，寒烟衰草”，简单的意象叠合，却像雾霾一样在男女主人公的心上挥之不去。

生4：在［四边静］中，有一句“落日山横翠”，这和［收尾］中的“四围山色中，一鞭残照里”有异曲同工之妙。前句“落日山横翠”，“落日”是哀景，“山横翠”是乐景，以乐景衬哀，倍增其哀！（掌声）

生5：“四围山色中，一鞭残照里”，有种乌云四合、天昏地暗的压迫感，让人窒息，难以呼吸，似乎唯一的“残照”，也将随着黄昏的来临而变得不复存在，迎接自己的终将是无尽的黑暗。（掌声）

师：这些景观主要是谁发出来的？

生：应该是崔莺莺，当然也有张生。

生：［末云］中“泪随流水急，愁逐野云飞”句，不如理解成“泪如急流水，愁像野云飞”，说明张生在离别之后也哭得、愁得稀里哗啦！（笑声，掌声）

师：是的，剧本中写景不多，但句句显愁情，现真情。本是才子佳人，心心相印，却因为“夫人”的嘱咐而不得不去京师赶考，使得刚私定终身的男女，不得不从此天各一方。景随情生，同学们刚才的鉴赏，已经非常好的呈现了男女主人公的真挚情谊，说明我们同学具有很强的鉴赏能力。下面，我们来进行剧本中女主人公的人物分析，大家再浏览全文，先找出写崔莺莺的文字，然后思考，分组讨论，看看我们有什么发现。(学生浏览课文，思考讨论。)

生1：这折剧本中，写崔莺莺的文字比较多。我们小组最喜欢［滚绣球］里的“听得道一声去也，松了金钏；遥望见十里长亭，减了玉肌：此恨谁知?”句，虽然是崔莺莺的唱词，但是这句却给我们留下了非常难忘的印象，因为“松了金钏，减了玉肌”是在听了“去也”、见了“长亭”之后的反应，这种反应远远超过了一般意义上的痛苦与流泪，而是直接以身体的消瘦反映出来的，可以说是痛彻心扉、身心俱焚的感觉。

生2：我也赞同这位同学的说法，我要补充的是，这里依然运用的是夸张的手法，将心中恋人的离去表述为“为伊消得人憔悴”，着实让人心疼。(笑声，掌声)

师：大家别忘了，后面的“此恨谁知”四字，是崔莺莺的天问。当这份沉甸甸的爱，变成沉甸甸的离别，心中的懊恼与痛苦，有谁知道啊！一份厚重的深情，让我们读者不禁黯然泪下。(掌声)

生3：我们小组讨论的是［叨叨令］，也特别喜欢这首曲子，剧作家用“熬熬煎煎、娇娇滴滴、昏昏沉沉、重重叠叠、凄凄惶惶”五个叠词，来传递崔莺莺心中无法比拟的心伤。这样的仓促离别，兀的不闷杀人也么哥！(笑声，掌声)

师：是的，这是崔莺莺的心理活动，也是她对这份感情最真挚的宣言。

生4：我们小组认为在送别宴席中，崔莺莺也是在受熬煎，“泪汪汪不敢垂，把头低、长吁气”以及后面的“意似痴，心如醉”，“此别离情更增十倍”，是个十足的痴情女子。(笑声，掌声)

师：我们刚才在分析剧本中的写景时，也有这方面的理解，看来人们喜欢到普救寺定情，看重的，就是这份真感情。

生5：其实我们小组认为崔莺莺重情感，还表现在［幺篇］中的“你与俺崔相国做女婿，妻荣夫贵，但得一个并头莲，煞强如状元及第”，一个相国小姐，认定夫妻彼此在一起，比“状元及第”都好，这是对封建文化的彻底颠覆，在她看来，情感胜过了一切。

师：是的，所以林黛玉看了《西厢记》，也为崔莺莺感伤落泪，她们是知己。

因为林黛玉就喜欢一个自由性情的贾宝玉。(掌声)

生6：我要补充一下刚才这位同学的发言，后面的［快活三］中的“蜗角虚名，蝇头微利”也是上述发言的最好注脚，在她看来，“夫人”要张生去应考，是去追求名利，而这些名利，只是身外之物。所以，普救寺的香火为什么那么旺，就是因为人们也期望一份最本真的爱情。(笑声，掌声)

生7：在［四边静］中，崔莺莺对张生说：“张生，此一行得官不得官，疾便回来。”在［二煞］中说：“你休忧‘文齐福不齐’，我只怕你‘停妻再娶妻’。休要‘一春鱼雁无消息’！我这里青鸾有信频须寄，你却休‘金榜无名誓不归’。此一节君须记，若见了那异乡花草，再休似此处栖迟。”这是崔莺莺的叮嘱，也是她对这份爱情的最真实的心态，没有太多的附加条件，有的，只是一份清澈见底的真诚与期待。(掌声)

师：听了同学们的发言，胡老师非常感动，其一是同学们非常迅速地捕捉了一个鲜活的崔莺莺，其二是大家对王实甫的良苦用心进行了准确的解读。崔莺莺是个爱情的殉道者，就像唐婉，就像祝英台，就像刘兰芝……面对封建道德秩序，一个个小小的弱女子，秉持一份真情，撼动了整个封建的文化大厦，让我们今天的青年男女，勇敢地执手在普救寺的红地毯上。(掌声)

师：我们刚才分析了崔莺莺这一剧中人物，现在我们来看一下张生。大家迅速浏览一下课文，讨论交流一下，你脑海中的张生是个什么样子的人物呢？(学生浏览课文，思考讨论，交流发言。)

生1：张生一定很帅！(笑声)

师：为什么？

生1：相国小姐能看上的，一定很帅啊！(笑声一片)

师：你以为崔莺莺是花痴啊？(笑声)

生2：我觉得崔莺莺看上的是他的才华。在第二折中，崔莺莺在普救寺看见张生刻苦用功，而且，最关键讨女孩子喜欢的，他的琴弹得特别好，崔莺莺因为美妙的琴音偷偷喜欢上了张生。(笑声，掌声)

生3：我觉得他比较自信。当“夫人”要他去京师应考，他想都没多想，就说：小生托夫人余荫，凭着胸中之才，视官如拾芥耳。最后一句“视官如拾芥耳”，就像武林高手，功勋唾手可得！(笑声)

生4：后边的［四边静］也可以证明这一点，他对崔莺莺说，小生这一去白夺一个状元，正是“青霄有路终须到，金榜无名誓不归”。这是对自己学识的自

信，同时，也是面对爱情的壁垒，显示的一个男子汉的担当！（掌声）

生5：我不这样认为，我觉得在功名这一点上，张生没有崔莺莺看得清楚，崔莺莺认为功名是“蝇头微利”，而张生却十分的自负，不知道宦海深浅。所以聪明的崔莺莺后来告诫张生，“此一行得官不得官，疾便回来”。我觉得，张生有时候在崔莺莺面前，像个愣头小子。（笑声，掌声）

师：在这里，大家对张生的态度有两个看法了，这其实并不矛盾，在胡老师看来，张生考功名，其一是为了过“夫人”这一关，男人也要有自己的事业。（笑声）其二是为了稳定住崔莺莺，怕崔莺莺担心自己考不取，从而被“夫人”拆散了这份爱情。所以，我倒觉得他把更大的压力加在了自己的身上，是个男人的担当。（笑声，掌声）

生6：胡老师，听了您刚才的分析。我突然有了这样的看法：一方面，崔莺莺安慰张生，别把功名看得太重，能不能得到不重要，只要你回来，能跟我在一起，就是最好的，这是给张生减轻应考的压力；而另一方面，张生也信誓旦旦说考取功名没问题，其实也是在给崔莺莺减轻压力。这对青年男女，为了未来，彼此在不经意之间为对方着想来诠释“爱”，真的让人十分感动！（掌声）

师：你的解读真是太精彩了！这样看来，他的自负其实是在呵护爱情。在这次离别的宴会中，崔莺莺的眼泪最多，心情最低落，好像张生不那么低落，是这样吗？

生1：好像是噢！

师：在“长亭送别”中，崔莺莺是主角，她身上对爱的演绎最为饱满，可是张生好像一直在应酬，很被动地接受“夫人”的任务与崔莺莺的叮咛，是这样吗？

生2：我觉得张生这个人物形象同样高大。大家看到［末云］中“泪随流水急，愁逐野云飞”这两句，这两句也是文章的最后两句，我细细琢磨，觉得张生在离别宴会中虽然没有太多的感情流露，很多是“应酬”的话语，但是看到文章的末尾，我突然被这两句感动了。原来，这个男人将所有的离别感伤，都放在自己最爱的人走了之后，一个人来进行发泄，他不喜欢让自己爱的人因为自己的感伤而更加心碎，他选择自己一个人去消化内心无可比拟的离愁，这是一个真男人！（热烈掌声）

师：我也应该给同学们的精彩解读鼓掌！的确，我们发现结尾张生说：“仆童赶早行一程儿，早寻个宿处。”接着，就出现了“泪随流水急，愁逐野云飞”

这两句诗，可以说，对这份爱情的渴望与期待，他张生也是到了非常珍惜的程度！只是这种珍惜，他选择的是一个男人的做法，而崔莺莺，自然选择的是一个小女子的做法（笑声），但是无论是张生还是崔莺莺，他们从相遇到相知到相惜，都在用他们心底最浓的笔墨，为人们书写了“有情人终成眷属”的宏大宣言。（掌声）所以，在今天的普救寺，这7个字被大大地书写在一把同心锁上，在告诫天下所有的有情人，只要秉持对爱情的一份纯真与挚爱，就一定会终成眷属！（掌声）

师：这节课，我们围绕剧中的景观、男女主人公三个维度，结合我们山西永济市的普救寺，重点探讨了区域景点文化中的《西厢记》名段《长亭送别》。大家围绕这三个维度，还原了一个凄美动人的爱情故事，也还原了一份真正的爱情，给胡老师留下了深刻的印象。据说，现在第15届“中国·永济普救寺爱情文化节”要举办了，到时候大家不妨去感受感受那样一份美好与温馨吧！（笑声，掌声）

生（齐笑）：好！

师：好，下课。谢谢大家。（热烈掌声）

本节课，执教者从山西普救寺的角度切入课文，一下子拉近了教者与学生的距离，然后从“景”与“人”两个维度加以深入，学生的配合和老师结合地域文化背景的引导，使得整节课摇曳多姿，相信这样的课堂，一定会让山西的学生终身铭记的！

第六章　地域文化与中学写作教学实录

地域文化背景下的写作教学，主要是针对教学内容的地域化，教学方法和作文方法常常继承传统。前文说过，写作教学内容指向的区域文化，因为是师生（主要是学生）成长的母体环境，学生大多耳熟能详，有的还有特殊的体验或感受。因为地域文化背后的精神常常是一个区域民众人文精神的体现，所以借助地域文化来写作，具有选材易，有体验，有精神内核，有文化含量等特质，这也是笔者大力倡导文化作文的根本原因。具体说来，我们在写作教学中，可以从如下三个角度去进行思考：

（1）突出以地域文化独特的精神内核作为立意的角度。

（2）突出以地域文化多样的表现形式作为素材的选择。

（3）突出以地域文化亲切的语言精华作为生动的实录。

前文有详细论述，此处不再赘述。

第一节　说明文教学：《说明要抓住事物的特征》 教学实录

“说明要抓住事物的特征”是写好说明文最重要的一个环节，也是中学生特别容易忽略的一个能力提升点。要上好本课，需根据学生的实际学情，并结合语文“新课标”关于写作教学的基本要求。笔者在充分征求学生意见的同时，给本课设置了三个教学目标：一是抓“中国”特色，要学生领会“特征”的含义；二是能够根据班级特色特征来表现事物；三是结合班级文化特色，能够完成有一定水平的说明文片段。这三个目标，层层递进，充分体现了“新课标”所倡导的

"三维目标"。该课堂实录被"中文核心期刊"录用。

教学重点：抓住特征

教学难点：创造具有班级文化特色的班徽、班旗

教学过程：

师：写说明文，抓住事物的特征是一大难点。为了搞清楚什么是事物的特征，请大家先看下面两幅图片（投影）：

大家说一说，这两幅图片反映了什么内容？

生1：第一幅是很简单的，它是2008年北京奥运会的会徽，设计简洁，是一块红色的中国印，印中呈现一个"文"字，非常醒目。

生2：而且，"文"字带有强烈的书法艺术特点，充分体现了中国汉字的魅力。

生3：这个"文"字还呈运动的人形，体现了奥运会"体育运动"的特点。

师：想一想，为什么要这样设计呢？

生：这样设计，我想因为中国是主办国的原因吧。所以北京奥运会就更多地带有中国元素，这里的"红色""中国印""汉字"等等都带有明显的中国特色，告知人们这一届奥运会不是希腊的、不是法国的、不是澳大利亚的，而是在中国举办的。（掌声）

师：不愧为23班的"智多星"！（掌声）他提出了与其他国家不同的比较方法，这种比较方法容易抓住特色。

生：老师，我打断您一下，我怎么看不懂第二幅图片啊？（笑声一片）

师：你都有点迫不及待啦？大家议一议，看看我们能不能读懂？

（讨论）

生1：画面由两部分构成，主体部分应该是燃烧的火苗，而另一部分应该是一个太阳，只是太阳太小，有点像——像个向日葵。（笑声）

生2：主体部分应该是火焰，只不过火焰比较抽象。

生3：哈，我发现了，火苗的造型像一只巍然屹立、庄严神圣的山羊，这只山羊，眼睛凝视着前方的太阳。

生4：我们的省会城市广州，也叫“羊城”。

生5：哈，老师，我明白了，这是2010年广州亚运会的会徽。

师（微微笑着）：对了对了，看来再抽象也难不倒同学们。想一想，广州亚运会的会徽，为什么要这样设计呢？

生1：这个还是我来说吧，我的家就住在广州。相传远古时候，广州这个地方连续大旱，是五只山羊带来了食物与希望，让这块地域的人们得以延续，所以，现在广州城也叫“羊城”，在城区公园，有其巨大的雕塑，供所有市民瞻仰。它，几乎成了广州这座城市的图腾。（掌声）

生2：用火抽象成山羊，一是表达了亚运会的热烈、蓬勃与激情，另一方面也表达了广州这一举办城市的特质。

生3：用羊凝视燃烧的太阳，一是很好地还原了典故（大旱之年的功勋），另一方面也传达了广州举办亚运会一定会遵循亚运会的宗旨和原则，成功举办一次朝气、文明、和谐的亚运会。（掌声）

师：大家能迅速抓住这两幅图片的特点来进行深入解读，非常精彩。现在，大家可不可以自己归纳一下，“说明要抓住事物的特征”，什么是事物的“特征”呢？

生1：事物的特征是有别于其他事物的。

生2：事物的特征带有该事物的本质属性。

生3：事物的特征是独特的。

生4：事物的特征能够给人留下深刻的印象，甚至让我们一看、一读就眼前一亮，就一见钟情的。（大笑）

师：归纳得非常好。是的，所谓特征，就是这一事物区别于其他事物的不同之处。当我们向别人介绍某一事物时，只有把这一事物的独特之处突出地表现出来，才能给人以准确的、深刻的印象。

师：刚才，我们通过分析两幅精彩的图片，明白了什么是事物的特征。现在，老师有一个想法，如果大家向全国的中学生介绍我们23班，先议一议，哪些要素能够代表我们23班的特征？

（热烈讨论）

生1：我们是粤西名校的奥赛班，每年有很多同学在全国大赛中获得大奖，我想起了我们的班级口号："二十三，过雄关，群雄逐鹿竞千帆。"这应该是一个不可缺少的特色吧。

生 2：我认为我们的学校在南方的大海边上，而湛江赤坎区几乎三面环海，这一地域特色也是很多学校没有的，也应该算一大特征吧。

生 3：我们是中国南方红土地上生长的幼芽，这些幼芽是卧虎藏龙的，一经长大，前途是不可限量的。

生 4：我倒认为我们的班训也不错："团结、拼搏、感恩、创新。"我们班践行得非常好。

生 5：我不是特别赞成，因为班训所涉及的四个词语比较一般化，对所有同学都有用，倒不如我们的班歌有特色。

师：你们的班歌叫什么？

生 5：班歌叫《因为有你》。

师：会唱吗？

生 5：当然。

师：要不给大家来一段？

生 5：（唱）因为有你/二十三/我才相信那泪光/有时候/也会为幸福流淌/因为爱在/二十三/黑夜里也有阳光/把整个/灰色城市点燃/团结拼搏/激情会在我们之间生长/创新绽放/在最爱的二十三/总有一天/它会成为我们依靠的肩膀。（热烈鼓掌）

生 6：我们班的男生有 42 人，女生只有 17 人，比率严重失调，这也是一大特色吧。（哄堂大笑）

生 7：我们的班级不仅学习成绩好，更重要的是我们青春蓬勃，在运动会、艺术节上都有非常出色的表现，是一个全面发展的班级。

生 8：每个同学都有七彩的青春，都有自己远大的理想，都在自己的人生道路上风雨兼程。（掌声）

师：同学们集思广益，果然将我们 23 班的特征抓住了，这些特征，比较零散，胡老师突然有一个想法，大家能不能根据这些特色，像设计奥运会会徽和亚运会会徽一样，为我们 23 班来设计一个班徽、一面班旗呢？

生（齐）：好！（热烈掌声）

师：那我们就分一下组，全班分为两组，左边的同学负责设计班徽，右边的同学负责设计班旗。

生（齐）：好！

师：设计班徽要注意寓意的传达，设计班旗要注意醒目和感召力，但都要注意抓住本班的特征。在设计过程中，每个小组要写出设计的说明文字，说明文字要分条、抓班级特征进行准确表述。

（学生发挥自主与合作的学习方式，迅速进入讨论、设计、构图的状态。教师巡视，指导学生进行有创意的表达。）

师：我们经过10分钟的酝酿，我想，先请左边的同学，谈谈你们的创意。

生1：我设计了一条龙（走上讲台，演示），这条龙很特别啊，龙的身躯构成一个“2”字和一个“3”字，说明我们23班卧虎藏龙。（热烈掌声）

师：（笑）不愧为23班的绘画高手！不过，将龙爪设计成根状是什么意思呢？

生1：因为卧虎藏龙是目前的状况，只有经过时间，假以时日，我们23班就会真正的成为国家栋梁。（掌声）

师：不过，一条黑色的龙有点恐怖啊（会心的笑）。

生1：那我把它改为黄色，我们都是炎黄子孙！（掌声）

生2：我设计了一盆幼芽，大家看好不好？（走上讲台，演示）

生3：好是好，我怎么看起来这么不习惯啊，噢，这样可能更好，把刚才黄色的“卧虎藏龙”图来取代幼芽下面的花盆，看看怎样？（全体激动鼓掌）

生 2：谢谢你。（两人击掌祝贺）

生 4：我设计了一个三面环海的标志（走上讲台，演示），为什么要这样设计呢？中间空出的部分刚好可以将幼苗和“龙”形的树根放置进去，使得整个班徽更紧凑。将环形标志设计成蓝色，是海洋的颜色，也是年轻的颜色。圆形一方面是地理特征，另一方面也象征着我们 23 班的团结，是一个整体。（热烈鼓掌）

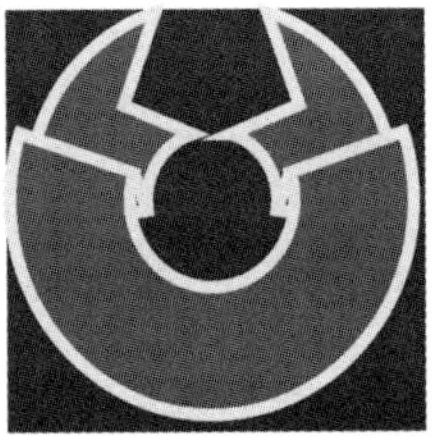

师：你真聪明！（再次鼓掌）那么，我们下面就可以组合了。

生 5：我是小组长，我现在将组合的班徽演示给大家看（走上讲台，演示）：在三面环海的大海边，有我们这样一群祖国的幼苗，他们卧虎藏龙，假以时日，就会实现真正的腾飞。这条龙，就是我们伟大的 23 班，他们是炎黄子孙，是未来祖国的栋梁！为了更好地彰显我们的位置，我还临时在图片的中下方设计了“中国湛江第一中学”八个方块字，以体现我们的远大理想与目标，就是让人们紧紧铭记这样一个伟大的班级！（热烈鼓掌）

师：同学们真是非常具有创造力，能够在这么短的时间内，抓住我们 23 班的特点，采用设计班徽的形式很好地将本班特色熔铸在一起，让老师佩服之至！这样的作品，就是专业的设计师，也不过如此吧。谢谢第一小组，让我们再一次认识到了抓住特征来表达事物的重要性。（热烈鼓掌）

生 1：老师，我们第二小组的同学也想登台展示了呢。

师：我们正想听听、看看，第二小组给我们设计了怎样的班旗呢！

生 1：我们的设计重点放在 23 班的精神面貌上，一方面和班徽重寓意的特征相区别，另一方面也是在强调醒目和感召力上。

生 2：是的，23 班是一个朝气蓬勃的、敢拼敢闯、有远大理想的班级。我们小组在设计的时候，以奔跑的“人”形为主画面，以充分体现这一特征。

生 3：在设计人形的时候，我们在其头顶设计了必要的光环，因为我们屡屡在全国大赛上获奖，这是一个特殊的群体。

师：能不能这样，将这些必要的光坏变形为“23”的阿拉伯数字的字形呢？

生 3：对，老师，我们采纳您的建议。

师：不过变形的设计难度很大啊！（会心一笑）

生 4：我觉得光是光环，显得有点自负，让人们认为我们是浅薄的一族。（掌声）我觉得在光环的外层，还应加上四射的太阳光芒。这样设计有三大好处：一是我们奔跑的方向是太阳，是向又红又专的方向发展的；二是我们本身是热烈向上的，是精力充沛、富有光芒的一代；三是光芒设计成七彩，意味着我们的生活丰富多彩……（掌声打断）

生 5：他的设想真令人佩服，我觉得在主体“人”的下面还可以加上必要的投影，让画面更立体，同时也让“人”的奔跑更见速度。（掌声）

生 6：是不是在画面的下面设计相关的文字？

师：你觉得设计什么样的文字好呢？

生 6：还没有想好呢。

生 7：作为班长，我觉得用“湛江一中，开开心心 23 班”最好。

生 8：老班，这样的文字设计，是不是太多了？

生 9：我看，就用拼音的第一个字母吧。“23”还是采用数字，“班级”用英文字母“class”，这样，就有点“学贯中西”的意味啦。（掌声）

师：可是，谁来整合大家的意见呢？

生 10：老师，我们小组的意见我们已经完善了，作为合作学习的小组长，我已经将班旗的草图勾画出来了。（走上讲台，演示）

下面我进行一下陈述小结：我们23班，是一个激情四射、充满活力的班集体，我们当中的每一个人都在朝着自己的理想风雨兼程。在自己的生命历程中，有过很多耀眼的光环，这些耀眼的光环离不开我们这个由“23”书写而成的伟大数字，我们是带着青春的光芒向太阳奔去的夸父，我们每一个人都有不达目的不罢休的精神，感谢我们的团队，我们希望开开心心地走向人生的辉煌！（经久不息的掌声）

师：由衷佩服我们同学的创造力，这样的设计结果，让老师深深感动！（掌声）

师：同学们，我们通过赏析两张与运动会相关的图片，总结了“抓住事物特征”的含义；通过集体讨论、合作与探究，我们精心制作了我们23班的班徽和班旗，说明同学们知识的运用能力是很强的，也达到了根据事物的特征来表达、来运用的目的。其实，抓住事物的特征，并不是只是设计一些有特征的事物，更重要的，我们还要抓住事物的特征来进行文字表述，写成具有鲜明特征的说明性文章。下面：我们进行本节课的第三个环节，要大家写一篇介绍我们湛江一中的说明性文章，该怎样写呢？大家先讨论一下。然后大家交流。

（讨论完毕，交流。）

生1：我认为，像我们这样一所建校70多年的历史悠久的学校，介绍时应该先有其历史沿革的追溯。

生2：历史沿革固然重要，我认为要找出我们学校的特色来。只有具有特色的东西，我们的学校才能显示和其他学校的不同来。

师：这位同学的观点我非常赞同，大家想一想，我们学校的特色有哪些呢？

生1：我认为“红五月”是我们学校的一大特色，这种以推进素质教育为主导思想的群体活动，是其他学校所没有的。（掌声）

生2：我觉得还有我们学校的心理健康教育活动，非常深入，非常有成效。我们每个同学都能亲身感受到。（掌声）

生3：我觉得还有我们学校每年一次的社会实践，方式多样，大家都非常喜欢。（掌声）

生4：我觉得我们学校各种社团活动非常有特色，成绩卓著。

师：大家的发言都非常好，其实，一个学校的特色是很多的，关键是你是否以一个主人公的姿态去参与、去发现。刚才的即兴发言，是我们进行课外作文训练的有益提示，学习了这一章节的写作知识，我们要课外进行“介绍我们湛江一中”的作文训练，大家可以就此去采访学校的老师、学校的领导，也可以去图书室阅览相关的杂志书籍，去发现、去挖掘自己学校的精彩处。通过这一节课，大家要知道，只有先知晓自己的班级、自己的学校，才能爱班爱校，才能以更大的热情去拥抱自己的读书生活，才会让自己的生活更精彩！谢谢大家，下课！（经久不息的掌声）

第二节　记叙文教学:《一个特别的人》教学实录

这是一节与粤教版《高中语文·必修一》教材配套的录像课，本人在执教的时候，利用佛山地域文化特色，引领学生关注身边的、具有特色的人物，激发了学生极大的写作兴趣。这节课，实地调查、访问、咨询、资料整理在前，课堂碰撞在中，文字写作在后，最后结集成写作文集，操作性强，具有较强的推广价值。

教学重点：以区域文化特征体现人物特点

教学难点：区域文化特征在作文中的运用

教学过程：

师：同学们，我们刚刚走进中学的大门，作文训练依然以记叙文为主。在进行本节课讲授之前，我曾要求同学们利用周末，回家好好采访一下身边的人，大家做得怎么样呢？

生（齐）：好！

师：这个身边的人，可不是一般的人啊，是——

生（齐）：一个特别的人。

师：要求特别之处在——

生（齐）：要有我们佛山地区的文化特点。

师：大家先拿出我们的采访笔录，看一看，然后分学习小组交流一下。

（学生看采访记录，交流，然后举手发言。）

生1：我采访的是我的爷爷钟郁权。在九十年前的云浮，有一个小小的蓝湖村，我的爷爷就是在这里出生的。童年的爷爷住在一间几十米的瓦楞土砖房里，房子很是简陋，连屋顶的一块块瓦楞、房里的一块块土砖头都是他和他的父亲从一摊摊土里烧出来的，家具不像我们现在从家具城里买来，而是凭借着两只手，一斧一斧地从山上的树林里砍下来，一刀一刀地削成椅子、桌子等家具。因为当时的工具缺乏，造得不像现在的家具这么精致、雅观，但是却很平整，没有丝毫的木刺。这里面，体现了我们佛山人特有的吃苦耐劳的人文精神。

生 2：我采访的是我的公公。我问他每天早晨吃什么？他对我说："吃粥啊，把里面的花生和鱼片去掉就是我们那时候吃的，不过你阿公那时候比较能干，一天打几份工，回家还耕会儿田，钱挣得多了自然就花得有些豪爽，我的同学很喜欢跟我一起上学，因为我时不时会请他们吃有料的粥。那时候外面卖的粥哪里像现在那么便宜，很贵的！我和同学吃一次粥相当于吃了几天的工钱，所以古时候就有'吃夜粥'的说法。'吃过夜粥'的人特别神气，钱多阔绰嘛！二来也是有实力的象征——你不努力点干活，哪里来的钱吃夜粥！"这些文字，很有佛山本地文化的特点。

生 3：我采访的是我的外婆。佛山是粤剧之乡，粤剧是佛山人的骄傲。外婆最喜欢的就是粤剧，她每天都会到公园里听别人唱粤剧，偶尔自己也会唱几句。广东人有以水为财的观念，故而北帝崇拜就成了珠三角民俗的典型，其中更蕴含着风调雨顺、国泰民安的良好愿望。禅城人把祖庙视为福庙，每逢中国传统的节假日，禅城和珠三角一带的老百姓都会不约而同地聚集在祖庙。"拜北帝公"是佛山人，特别是年纪稍长者日常生活中重要的内容之一。他们相信拜过北帝之后，一年之中都会得到北帝的庇护。我外婆也不例外，每逢农历初一、十五和北帝诞辰都会到祖庙拜北帝，祈福，许下良好心愿。

师：刚才大家谈到了自己的祖辈，他们当时在佛山生活，有的自力更生，有的生活艰苦，有的直接与佛山本地文化有关联。大家说得都很详细，都很特别，有没有采访年轻一代的呢？尽量说的简略些。（学生举手发言）

生 1：我采访的是我的哥哥。他参加了佛山的醒狮队，每逢节假日的舞狮表演，简直帅呆了。

生 2：我采访的是我的表姐。她在佛山开一家茶庄，免费品茶，生意可好啦。

生 3：我采访的是我的堂叔。他在禅城经营陶塑。陶塑是我们佛山的民间工艺，非常受外国人的喜爱。

生 4：我的小姨是佛山盲公饼的工人，她生产的盲公饼非常受我们佛山人的欢迎。

生 5：我的表叔是建筑工人，是很地道的佛山建筑工人，他们承建的佛山乐园，非常具有佛山建筑的风格。

生6：老师，我还能说一个吗？

师：好啊！(笑)

生6：我说的是我的侄儿，才5岁呢！他参加了我们佛山武术学校的学习，学习咏春拳呢！(全班笑，掌声)

师：你看你看，这么小的孩子都在接受佛山文化的洗礼呢！其实啊，一个人的出生、成长，是离不开他的出生地的，而出生地长久以来形成的人们体认的、趋同的物质与精神的同构，就是区域文化。我们认为，每个人都是独一无二的，说的是他本身是独一无二的，他在这个地球上，所受的区域文化影响也是独一无二的。今天我们写“一个特别的人”，就是希望大家写出独特区域文化背景下的“爷爷、奶奶、哥哥、弟弟”等身边人，他们是独一无二的。(掌声)

师：刚才大家交流了咱们出外采访的成果，胡老师觉得大家的作文的准备工作是很充分的。现在咱们要解决的问题是，在通过采访获得了第一手素材之后，怎样将这些素材写进我们的作文中去，让我们的作文更有可读性呢？

(学生讨论，老师引导。)

生1：我觉得在作文的标题上就可以有区域文化的特点。比如我的标题打算拟成：一个特别的人——爱佛山文化的外婆。

生2：我觉得在人物设计上，本身就可以和本土文化挂起钩来，比如我写一个特别的人，就想写“当代版叶问——记一个特别的人”。(掌声)

生3：我认为在写作线索上也可以体现本土文化。我这次打算写我的外婆，就是想以粤剧《紫钗记》的剧情为线索，来写我外婆的一生。(掌声)

生4：我想的跟他差不多，只不过我是想把区域文化作为我写作的背景。我想写我的外公，他是一位香客，我想以佛山的祖庙为背景来写外公这一佛山香客。(掌声)

生5：我想直接将区域文化作为我写作的内容，我打算写“会做盲公饼的小姨”，主要内容就是小姨怎样做盲公饼。(掌声)

生6：我想把表现区域文化的精神内涵作为文章的主题。这次我打算写我的大伯，他年轻时就漂洋过海，到南洋打拼，获得了很大的成功。这里面，就涵盖了我们岭南人“敢为人先”“敢闯敢干”的文化精神。(掌声)

生7：我的想法也跟他一样，我写的是我的堂叔，一个人白手起家，敢于在商场上打拼，体现了“敢为天下先”的广东精神。

生8：是的，体现岭南精神最能见深意。我也打算这样写。我的爷爷是岭南派画家，但是他的画风明显带有西方水彩和中国传统的国画艺术特点，在我爷爷身上，体现了我们岭南人“兼容并包”的开放胸襟。（掌声）

师：大家的思维非常的活跃，刚才同学们所说的“以标题、以人物、以线索、以背景、以内容、以主题来体现区域文化”（边总结边板书），老师觉得都是可行的，也都是很有效果的。其中，比较难做到的，是以线索、以主题来体现区域文化。我们一起来看下面的例子。（投影）大家齐读一遍。

（冰泉冷涩弦凝绝，凝绝不通声暂歇。别有幽愁暗恨生，此时无声胜有声。

当叛逆之神降临时，我不再乖巧地讨爸妈欢心。总是觉得自己已经长大，不再需要陈词滥调的叮咛和唠叨。我喜欢上奇装异服，喜欢上与爸妈顶嘴，家里的气氛突然变得有些凝重。回想起来，我似乎要走上一条错路了。要多谢我的爸爸，他把那副严厉的面孔突然换成了和蔼和耐心，他一步步地引导我，从不揭我的短，也不重复说教，黑色的日子就在无声中过去了。）

（学生齐读完毕，老师引导。）

师：这是一篇曾经获得了满分的高考作文。文章的标题是《〈琵琶行〉之父母有情》，文章选取最有文化底蕴的白居易的《琵琶行》的第2段作为文章的线索来展开，动情回顾了父母对“我”的爱，获得了老师们的青睐。大家说说，这两个段落好在哪里。

生1：作者把白居易的诗歌准确默写出来了！

生2：最精彩的是，作者所选取的每一节诗歌，都能和父母的爱准确契合，形成了很好的双线结构。（掌声）

生3：老师，这两个段落是不是可以给我们这样的启示：以文化作为文章的线索，要求我们将文化现象和写作内容高度统一。（掌声）

师：是的，文化内容与写作内容做到水乳交融，这是我们进行区域文化写作的重点，也是难点。同学们很快明白了这一点，那么，在我们的实际训练中，也要针对性地加以突破啊！

师：下面，我们再来看一个例子。（投影，学生齐读一遍。）

小伙子抬头瞪了老者一眼，根本不在乎。老者转过身，喃喃地自语道：“能为别人着想，是人生的一等功夫。”过了一会儿又说：“争食抢窝，连禽兽都不如。”这回小伙子吱声了：“你这个老东西怎么骂人？”“我不是骂人，我是关心你爱护你呀！”小伙子不领情：“你算谁呀，活得累不累——癌症！”那个扶着老者的妇女早已气得眼里滚出了泪水，“你说对了，我爸是个癌症患者，已经是晚期了——你要也是个癌症，你就安心地坐在那儿骂这个老人吧！”

同车的旅客都被这个情景震动了，很多人站起来给老者和妈妈让座。那个小伙子没脸在车上再坐下去，刹车时，他飞快地下了车，头也不回地走了。

妈妈坐在了老者的后面，车开稳后，妈妈站起来，问老者是谁，怎么也说出了她父亲常说的话？老者问清了妈妈父亲的姓名后，脸上露出兴奋的笑容，原来这位老者是姥爷中学时代的老师。老者说：“人生一等功夫”那句话，是明朝学者杨椒山的名言，我的学生都能记住的……

师：这篇文章，是胡老师的学生杨清写的一篇平时练笔，后来被《作文通讯》发表了。她的文章标题是《人生一等功夫》。这篇文章，讲的是作者和妈妈坐公交车，在公交车上看到的一幕，胡老师非常喜爱，大家说说，胡老师为什么喜欢这篇文章呢？

（学生讨论，举手发言。）

生 1：我觉得这篇文章写得非常真实，尤其是老者“真的是个癌症”，简直让人震撼。

生 2：我觉得这篇文章里有一句话“人生一等功夫”，引起了我的注意。

生 3：是的，这里的杨椒山，是个文化名人，他的“人生一等功夫”成了这篇文章的文化旨趣，是以生活中的鲜活故事，来传递一种文化旨趣的。（掌声）

生 4：同时，这句话也似乎是文章的线索。（掌声）

生 5：将文化的核心旨趣贯穿于行文的思路，这是这个片段给我的最大的收获。

师：是的，再隐蔽的行文也逃不过大家的火眼金睛，这就是胡老师要告诉大家的，有了作文的第一手素材之后，我们应该怎样将优质的区域文化资源融注到作文中去的方式与方法。同时，胡老师还想告诉大家的，在写作时还需要注意以下几点：一是区域文化因素的介入要自然，不要强拉硬扯；二是要将人物与情节安排合情理，体现记叙文本身的特点；三是最好以中学生的视角去体现区域文化特质。同学们，有信心去完成这样一次有意义的作文吗？

生（齐）：有！

师：好，我期待同学们的精彩作文！下课！（掌声）

附：本次作文部分优秀习作篇目：

《香客外婆》

《岭南醒狮——一个特别的人》

《佛山黄师傅》

《碗·尚在，音·犹存》

《爱佛山文化的外婆》

《当代版叶问——记一个特别的人》

《〈紫钗记〉之外婆篇》

《咏春拳手》

《小姨与盲公饼》

《吃粥的公公》

《做骑楼的表叔》

《漂洋过海的大伯》

《画家爷爷的胸襟》

《佛山泥巴王》

第三节　议论文教学：《走近经济》教学实录

这是一节获得广东省教研室颁发的省写作课堂教学一等奖的案例，课题“走近经济”是粤教版《高中语文·必修五》写作活动的第一单元，主张以活动的形式增强学生的“体验、感悟与认知”，进而进入写作过程。《走近经济》的内容十分丰富。笔者认识到：广东作为经济强省，在经济快速发展的背后，本土文化受到了极大的冲击。因为本土文化是区域民众的精神滋养，所以，本节课希望站在“经济的发展与对本土文化的冲击”的角度，组织学生进行写作活动。根据主要的经济类型，具体表述为：1. 走近国有经济——政府部门对本土文化的忽视；2. 走近外资经济——外来文化对本土文化的藐视；3. 走近私营经济——社会民众对本土文化的漠视。针对上述经济类型，课堂设置为：1. 针对三种经济类型对本土文化的冲击，小组讨论；2. 根据复杂经济现象而产生的文化事件，口头交流；3. 围绕经济对本土文化冲击形成的观点，书面表达。整节课，结构清晰流畅，是地域文化作文教学的典范之作。

教学重点：经济类型与地域文化

教学难点：地域文化现象论辩

教学过程：

师：同学们，我们生活在一个经济快速发展的时代，每天都有日新月异的变化，当我们走近经济，突然发现，在经济强势发展的背后，与我们血脉相连的本土文化正在受到始料不及的冲击。胡老师曾组织班上的学生进行了相关的资料查阅、调查、采访以及实地考察，进行了相关的写作活动，我们不妨先来感受一下：

（显示学生通过调查、采访、实地考察之后制作的6个幻灯片以及学生课外查阅的20余万字资料文稿）

（学生惊奇，老师微笑。）

师：群众的力量是无穷的。（笑）同学们，因为今天胡老师只给大家上40分钟的作文课，所以不能带领大家去课外开展活动。但是没有关系，我给这些资料粗略地分成几个类别，我们不妨先来讨论一下，看一看在经济发展的同时，我们的本土文化到底受到了怎样的冲击。

（**展示一：**

城市建设，破坏古迹图片；

扩修道路，破坏文物图片。）

师：大家讨论一下，这两幅图片，告知我们在经济发展的背后，本土文化因为什么原因而遭到破坏？

生1：因为经济的发展。

生2：因为相关部门的不重视。

师：相关部门为什么敢这样做？

生1：因为利益作祟。

生2：因为相关政策条文不够完善。

生3：我认为是政府部门的忽视，只要政府部门强力执法，严加监管，这样的事件是可以遏制的。（掌声）

师：说得对，经济行为的背后，依靠政策去规范。政策不到位，就是政府的不作为。可见，经济发展的背后，本土文化受到冲击的，很多时候是政府部门的忽视。

（展示二：

饮食文化，倾向于外国的图片；

娱乐文化，倾向于外国的图片；

建筑文化，倾向于外国的图片；

戏曲文化，倾向于外国的图片。）

师：大家讨论一下，这几幅图片，告知我们本土文化因为什么原因而遭到冲击的呢？

（学生讨论，然后回答。）

生1：老师，我认为外国的文化很具有吸引力啊！（笑）

生2：吸引力强，正好说明对本土文化的冲击大啊！

生3：我觉得，经济发展了，本土文化却受到外来文化的冲击。（掌声）

师：的确，本土文化在外向型经济的扩张中，真的是不可避免地受到了冲击。

（展示三：

游客乱涂乱画文化古迹的图片；

摊贩在文化古迹面前摆摊设点的图片。）

（学生讨论，然后回答。）

生1：我觉得这是老百姓的文化意识淡薄，才这样的。

生2：我很汗颜，我曾经也这样做过，以后不会了。

生3：经济发展了，人们的文化保护意识不高，也是一种冲击啊！

师：大家很快就知道了这些现实生活中的本土文化遭受冲击或破坏的原因，主要是三个方面：一是政府部门的忽视；二是外来文化的冲击；三是民众的觉悟不高。现在，胡老师要问的是，我们怎样才能在发展经济的同时，保护好本土文化呢？

生1：加强政府部门的保护力度，出台相应的保护措施，不再做文化破坏的旁观者。（掌声）

生2：在外国文化入侵的当下，善于为我所用；同时扶持自身的本土文化，让文化也推陈出新。（热烈鼓掌）

生3：加强民众的文化保护意识，提高公民保护文化的觉悟，引导民众关注本土文化，珍爱本土文化。（掌声）

师：同学们非常聪明。我们很快搞清楚了在现实经济飞速发展的同时，本土文化受到冲击或破坏的原因，并探讨出了解决的办法。但是，现实生活中，有些文化现象演绎成的文化事件，其因素往往是多方面的。

（展示四：

广州市民走上街头，捍卫粤语的图片；

广州老伯用文化衫捍卫粤语的图片。）

新闻背景：亚运会前夕，广州某政协委员提出在亚运会举办前后，广州主要媒体的用语减少粤语播报，增加普通话的播报时间，以接纳全国各地广大的游客，更好地办好亚运，拉动亚运经济。于是，出现了捍卫粤语事件。

（学生分组讨论：结合上面分析的原因及对策，谈谈你对此事的看法。口头交流。5 分钟。老师组织讨论，形成了“捍卫粤语”和“为普通话辩护”两大阵营。）

捍卫粤语派：

生 1：近几十年来，身为中国改革开放前沿阵地的广东，在经济飞速发展的同时，也把各种各样的外来文化带来了广东。在外来文化的围攻下，越来越多的广东文化被无情地丢进了文化的回收站，先是一个一个熟悉的路名，接着再到一个一个的习惯，慢慢地都在改变。现在终于轮到了作为广东文化灵魂的粤语了，我觉得要坚决捍卫粤语。

生 2：我想补充一点的就是，学校推广普通话，这意味着学生在学校失去了说广东话的权利；外来务工人员的增多，也意味着在校外也没有了广东话的空间。所以在这样的环境之下，现在越来越多“新生代”广东人完完全全地说普通话了。这里面，也有狭义的外来文化的冲击。

生 3：报道说，广东已经开始步入老龄化的社会。很多老广州是完完全全听不懂普通话的，可以想象，一个行动不方便的老龄人，打开电视尽是自己听不懂的语言，而且字幕也看不清，家人在外面上班，老人一天坐在家里，喝着茶看着天空，他们会想什么？

生 4：《联合国教科文组织世界文化多样性宣言》里面有这么一句话：捍卫文化的多样性与尊重人的尊严是密不可分的。我们捍卫文化的多样性，捍卫粤语的生存空间！（掌声）

生 5：如果单从政协倡议普通话的角度，我认为这里面也有政府忽视本土文化保护的责任。因为我们认为开亚运会，正是挖掘本土文化、彰显广州文化的契机，粤语作为传播的媒介，自然也能显示广州的魅力。“粤语盖以六调，曰一清平，二清上，三清去，四浊平，五浊上，六浊去。复以促音清平为高入，促音清去为中入，促音浊去为低入。合为九声。”粤语拥有九个声调，是最贴近古代汉语读音的语言，所以当使用粤语进行古文朗诵时，的的确确抑扬顿挫，韵味十足。我们捍卫粤语，因为越是本土的，越是世界的。（长时间掌声）

为普通话辩护派：

生1：大家注意，事实真相是，广州市政协发起网络调查，希望综合频道等重要时段能够增加普通话播音。而微博作者立刻断章取义为取消粤语节目，以至于引起轩然大波，不仅广州本土民众，连不少媒体精英人士也表现得异常激烈。媒体人，尤其是电视主持人，喜欢以过激语言增加收视率是向来的通病，但此次如此断章取义且逻辑混乱不能不令人为媒体汗颜。

生2：《新周刊》执行主编封新城表示，“没有方言的城市是可耻的。”这条微博成了转发率最高的评论之一。那么，北京、上海、深圳这些以普通话播报节目的城市可耻吗？这些城市没有方言了吗？凤凰卫视主持人杨锦麟在微博中说：“不可思议，下一步会不会也取消粤剧？”更不可思议的在于，杨锦麟先生能不能用方言在凤凰卫视播报？用何种方言合适？看来激动确实容易令人语无伦次，哪怕睿智如杨锦麟。

生3：一个不难推想的结果是，如果全国各地电视台都在主要时段用方言播报，湖南电视用湘方言播报，江西电视用赣方言播报，西南三省用西南官话播报，那么，全国广播电视就是方言割据的诸侯国了。

生4：一个城市，一个媒体，如果不够宽容地去接纳其他方言群体，不够理性成熟，却动辄以充满想象的语言翅膀鼓动民众脱离引领我们前进的大地，那才是可耻的、令人汗颜的、容易沦陷的评论泡沫。（掌声）

（老师引导、点拨，最后总结。）

师：同学们的讨论非常精彩，对广州的这一文化事件的了解也比较具体。其实，在胡老师看来，新闻媒体增加普通话的播音时间未为不可，因为毕竟是大众消费的平台。但是如果只是强调普通话而削弱本地方言，那就是政府的忽视甚至是文化歧视了。本来，作为广东本土文化的代表——粤语，在近二十年的大量外来人口的迁入过程中，受到了“外来文化”的冲击，再加上本土的新生代青少年，不注意从中老年人身上学习粤语（幼儿园必须说普通话），也有一定的淡漠意识。在这两种情形的影响下，粤语的遭遇可想而知。好在这只是一种“假设”，同学们能够站在这件事情的前因后果的基础上，为普通话辩护，这是非常好的思维方式。这让我们明白，在经济快速发展的时候，也要认真考量我们的本土文化，是否真正能够和经济的发展相得益彰。对于那些为了发展经济，实质冲击或破坏本土文化的行为、思潮，我们要旗帜鲜明地加以反对。（长时间掌声）

（播放政府处理这一文化事件的视频）

师：同学们，我们刚才进行的是对该事件的口头交流，现在，大家结合自己的观点，围绕老师的提醒，进行书面表达，写一则短评。时间5分钟，开始。

（投影展示学生的短评佳作）

短评佳作1：

我认为，在经济快速发展的时代，推普的同时也不应忽视粤语，不要让粤语在若干年后成为真正的化石。语言作为文化的载体，每一种语言肯定都承载着一种独特的文化。粤语作为岭南文化的载体，它记载着古代雅言的演变和广府地区的语言特色，在历史的传承、族群特征的体现、岭南文化的发展等研究方面都有着不可替代的文化价值。老舍先生曾经说过“世界上最好的文字就是最亲切的文字”，对土生土长的广东人来说，粤语不仅仅是交际的工具，而且是一种情感上的认同和亲近，正是这种情感维系着他们之间的根意识。我们一方面要大力推广普通话，另一方面也应该给粤语足够的保护，这不但有利于岭南文化的研究和保存，同时也有利于粤语作为一种文化、一种文明遗产而得到继承和发扬。

短评佳作2：

我依然不赞成刚才“辩护派”的观点。说“一个城市，一个媒体，如果不够宽容地去接纳其他方言群体，不够理性成熟，却动辄以充满想象的语言翅膀鼓动民众脱离引领我们前进的大地，那才是可耻的”，这句话本来没有问题，可是来形容粤语群体却是大错特错。对外来语言不包容？当一个人听不明白粤语的时候，我们会立即用普通话与他交流，这在全国来说算是做得很好了。难道这不算是包容的一种体现？至于辩护同学提到的所谓“说方言就变成诸侯国”的问题，我实在是很难理解。方言=诸侯国？难道说方言就是不爱国吗？就是想搞分裂吗？这是没有道理的，相反，丰富的地方文化反而能使祖国的大文化更加多元化，这有利于一个国家的发展。我们可以想想，谁会去一个千篇一律的国家去旅游？这不仅是文化效益，还涉及经济效益。

短评佳作3：

我认为，关于语言文化的发展，广州真的需要向邻居香港好好学习。前年，香港拆了一条老街，结果谢安琪的《喜帖街》被传唱成了经典；去年，香港人拍出电影《岁月神偷》，最后连政府都被打动，宣布不再拆迁永利街……如今，广州也正在旧城改造中，多少历史文物面临灭顶之灾，如果有更多文化人站出来，写一首诗、一首歌甚至演一部戏来纪念它们，该有多好？比如东山少爷自作自唱的歌曲，就是从文化入手保护粤语的榜样。

短评佳作4：

保护粤语的目标应该是发展。越是坚持植根于本地的文化，越能在未来走得更远。文化的强大对于语言的兴旺影响巨大，借助话剧、栋笃笑、流行歌曲等艺术形式，能够有效地壮大粤语，最终将粤语文化发扬光大。当语言的魅力大到街知巷闻，当语言融合于市井文化，当语言成为艺术精品的重要元素，试问谁能消灭它？反之，如果我们不能培育出属于自己的城市文化，语言也就失去了赖以生存的土壤，保护起来估计也特别费劲。总之，粤语的发展也要同经济的发展一样，与时俱进。

师：看到同学们这么精彩的短评，我突然想起了今年广东高考作文的标杆作文第一篇59分的作文片段，现节录如下，我们大声地读一遍。

眼泪不争气地涌出我的眼眶，我多想呐喊：这条巷子拆不得，拆不得啊！它不仅仅是我出生的地方，也是培育我温和性格的地方，更是让我感受人间温暖的最初的开端。这里的一花一草、一砖一瓦都是岭南文化形成的开始。将这里拆掉，就是毁了我的根，就是毁了上百广州老街坊的根！可是，这样的呐喊谁会听见呢？人生的原点，文化的原点与高速发展的经济，与拔地而起的大厦相比，似乎已经变得渺小了。这夜，我又梦见了久违的老巷——不同的是，这次当我回到人生的“原点”时，红红的“拆”字竟不见了踪影。

师：在经济建设飞速发展的今天，我们走近经济；当经济建设与本土文化发生冲撞时，我们强烈呼吁回到“原点”，保护好与我们一衣带水、血脉相连的本土文化。文化也是一种生产力，当我们的政府、我们的民众具有强烈的文化保护意识，我们的发展才是健康的、可持续的，我们的经济建设，才能与文化相得益彰，共同实现经济与文化的双赢。谢谢大家！（长时间掌声）

第四节　考场作文教学：《“立着” 与“靠着”》 教学实录

本节课是一节高三常规课，是对考场作文的讲评。这次作文，全年级不能完篇的占了10%，关键问题是作文的思路没有打开，缺少必要的内容。而内容主要体现在材料的搜寻上，这当然和审题有密切关系。现在的问题是，当审题完全正确时，却不能用材料来演绎。有鉴于此，产生了讲评考场作文作为高三公开课的初衷。说明：这节课，是一节面向市级领导的公开课，受到充分肯定。

教学重点：以地域文化打开写作视角

教学难点：以地域文化视角指向命题

教学过程：

师：同学们，我们今天班上推出的“今日之星”是×××同学的《用一生，做好一件事》的“微作文”（投影），同学们先齐读一遍。

一个个新起的网络公司刚站稳脚跟，他们都迫不及待地扩张了！看，腾讯扩张了，谷歌扩张了……只有百度，十多年来始终默默地干着引擎搜索的活儿，不喊累，不喊厌。然而，它却成了国内最好的引擎搜索网站，市场份额高达80%。西方有句广为流传的话：做事做到九十九度就是做到头了。而百度，无疑就是想把事情做到一百度，做到最好。是的，一个人做事的精力是有限的，当你盲目或不知节制地去做很多事时，到头来，你会发现其实你一件事也没做好。一位教授说过一个观点：人生不需要做许多事情，只要认定一件事，毕生追求，便可大放光芒。这话说得多好啊！

师：“用一生做好一件事”，就像我们一直关注的文化大师，他们之所以最终成为大师，也许就是秉承着这一观点吧。今天，胡老师和大家一起来走进本次段考的作文，看看我们能在这个作文题上有怎样的突破。（投影）

“我和一株顶高的树并排立着，却没有靠着”是现代著名诗人沈尹默先生的诗句，该诗于1918年1月15日发表于《新青年》第四卷第1号，诗句中的“立着”“靠着”引起了那个时代许多人的共鸣。近一个世纪后的今天，它仍然能够触动我们的内心，引发我们对人生、个性的思考。

请根据材料内容，联系自己的生活和感受，写一篇不少于800字的作文。要求：立意自定，文体自选，文题自拟，不套不抄。

师：同学们，人们常说“千古文章意为本，文思泉涌料先行”（板书），大家先回顾一下，你在这次作文中，使用了哪些材料，先想想，然后讨论一下。

（学生看自己的作文，然后讨论。陆续举手。）

生1：我这次找的作文材料，主要是面对现实社会中的独生子女，他们长期对父母有依赖心理，以致成年了还赖在父母身边，不能独立开来，成为人们眼里的“啃老族”。

生2：我想到的也是社会不良现象。现在社会上有些“傍傍族”，比如“傍大款”“傍干爹”等。（生笑，掌声。）

生3：我拿到这个作文题，首先想到的是生活中那些独立、自强的人，但是具体有些什么人，考场上突然想不起了。（该生不好意思，同学们吃吃笑。）

生4：我想起的是“背着妹妹上学”的感动中国人物洪战辉，在他的家庭遭遇挫折的时候，他没有依赖社会，而是选择通过自己的不懈努力去坚强的站立。（掌声）

师：大家在考场上思维是比较灵活的，我的这些材料从“现象”到“一般”到“个案”，是较好的。现在的问题是，并不是每个同学都能想到这些材料，本次作文，材料的缺失是我们作文得分不够高的主要原因，今天，我们不妨从另外一个大家极易忽略的角度，去打开我们作文的选材之门，是什么角度呢？

（学生好奇。老师板书：从区域文化的角度选材。）

师：同学们，我们身在岭南，我们身边有很多岭南的文化名人，包括古代的、现当代的，还有很多文化现象（投影：文化名人、文化现象）。大家围绕这个作文命题，想一想，再讨论一下，看看我们有没有全新的发现。

（学生思考，讨论。然后举手发言。）

生1：我想起了佛山的黄飞鸿，他树立正气，凭借自身的武艺，不和邪恶势力妥协，不靠着权贵，做一个堂堂正正的中国人。

生2：我还想起了叶问。叶问作为佛山咏春拳的掌门人，在他所在的时代，他不依附日本人，清贫度日，在危及同胞生命的时候，他挺身而出，用自己的实力，证明了国人的尊严。（掌声）

生3：我还想起了我们的国父孙中山先生，他出生岭南，在有生之年四处奔走，推翻了封建王朝，建立了中华民国，他就是希望自己的祖国不再受制于、依

附于西方列强，让自己的祖国也能立于世界民族之林。(掌声)

生 4：根据我们同学的提示，我还想起了康有为和梁启超这些岭南先贤，他们的“公车上书”，其实也是想让中国实施“维新变法”，让自己的祖国不再依附于西方列强，他们本身，就是站立着的大写的“人”。(掌声)

师：大家的思路一旦打开，在我们身边的区域文化名人当中去搜寻，作文的材料似乎一下就增加了很多。是不是比苦思冥想一些自己不熟知的人物材料来得更为简单？

生（齐）：是。(笑声)

师：刚才，我们主要交流的是岭南文化名人，大家再想想，还有哪些属于我们岭南的文化现象，也需要“立着”而不能“靠着”呢？比如我们观照的最简单的“衣食住行、待人接物”等显现出来的文化。

(学生思考，讨论。然后举手发言。)

生 1：我发现我们佛山有“叹早茶”的文化传统，但是我们现在的年轻人都钟爱“星巴克的咖啡”、美国的“可口可乐”，大有让这一古老的传统文化向外来文化低头的倾向，我们应该让这种饮食文化永远“立着”，而不应该“靠着”。

生 2：是的，我也发现我们现在年轻人喜欢吃“必胜客”“麦当劳”“日韩料理”“肯德基”等外来食品，其实，我们的粤菜本身也应该“立着”。(掌声)

生 3：我想到我们住的房子，岭南建筑文化中非常有名的骑楼，具有非常贴近我们岭南自然环境特点的建筑文化，可是，现在我们这边的人，大都向往欧式建筑，希望自己住上小洋房，在住的这一方面，我也希望不要“靠着”，也应该“立着”。(掌声)

生 4：我也想到现在我们岭南的年轻人，大多喜欢看韩剧、看美国电影，喜欢港台明星，我们的休闲文化和娱乐文化，似乎都倾向于外来文化，“靠着”的姿态非常明显。其实，我们本土的粤剧、醒狮都一级棒，我们为什么不能让它们“立着”呢！(掌声)

生 5：我想到了我们的节日文化，我们年轻人特别喜欢过西方的万圣节、圣诞节，包括西方的情人节，而对我们本土的节日漠不关心，真的很郁闷！(笑声，掌声)

师：你看，话匣子一旦打开，我们一下子发现了这么多的区域文化现象。这些文化现象，都能够很好地印证本次命题。的确，文化代表一个地区、一个民族的精神和尊严。我们改革开放，面对发达的西方社会这些“大树”，我们应该坚定地秉持自身的文化特质，与之并排而“立”，而不是“靠着”，如此方显东方古国的自信与尊严。不然，一味仰仗、巴结、讨好甚至依赖强势的外来文化，则必然丧失自我，沦为现代意义上的奴隶。(长时间掌声)

师：胡老师还想问大家一个问题，那就是，我们选择富有区域文化特色的作文素材来写进作文，到底有什么优势呢？

(学生讨论，发言。)

生1：它就是自己身边的，容易找。(笑声)

生2：它还包括我们的衣食住行、风俗民情，选择文化素材，范围广。

生3：因为关注的是文化，所以材料的底蕴丰厚。

生4：因为身边的文化大家都有感悟，有的自己还亲身经历过，写起来更加自然，容易写出真情感。(掌声)

师：是的，区域文化的作文素材的确有容易找、范围广、底蕴丰厚和感情真等优点，那胡老师现在又有一些问题要问大家。

首先，“文化是什么”的问题。如果文化是个“筐”，“萝卜白菜往里装”，那么是不是亵渎了文化？怎样的文化最能切进我们的心灵？我们会从人文传统、历史流变中体会文化的精髓吗？这节课完成了文化由浅入深的涅变吗？这是一个很值得探讨的问题。我们所了解的衣食住行、风俗民情等生活化的文化，很多只是表象，将这些表象写进作文，就是文化吗？现在问题出来了，文化需要浸润、濡养，如果缺少一个身心历练、潜心观照的过程，显然演变成了“文化快餐”，文化成了一次性消费的载体，我们依然摆脱不了“假、套、抄”的作文厄运。

其次，我们在鲜活的现实面前，怎样实现作文的精神突围。不关涉文化，我们的现实生活显得更加支离破碎、平淡无味。有了文化意识，却缺少一种与生俱来的文化体验，这是一种悖论，也是一个机遇。这时我们就无法绕开一个作文最本原的词语：爱。而“爱”字，又将所有的作文备考置于一种虚妄的境地，这样会让我们的作文备考彻底陷入一种无序状态，因为，“爱”是需要养育的，而“养育”是需要时间的，高三备考是没有时间“养育”爱的，我们的老师和我们的学生是万万不可能对作文备考放手的。这就衍生了作文的第二种悖论：集体希望作文得高分，但同时又缺少对生活、对生命、对社会的爱！这时我还敢说，它是一种机遇吗？

师：同学们，下面我们一起来读一下×××同学写的《粤语童谣的‘靠’与‘立’》这篇文章的精彩片段。（投影）

可是，曾经是几代人温暖美好记忆的粤语童谣如今却有逐渐消失的趋势。最近看过一则报道，说广州越秀区、海珠区、天河区、番禺区的幼儿园里，小朋友们都称从未听过列出的一些广州话童谣，只有两三成小朋友听过一些经典童谣句段，但也不是个个都能哼得出。一些家长表示，小朋友在幼儿园学的都是普通话儿歌或英文儿歌，几乎没听他们唱过广州话的儿歌。

我于是在想，我们是不是过分“靠”着主流文化，却把粤语文化教育忽视了。那一首首带着温暖色调的熟悉韵律，难道就这样被淹没然后慢慢消亡吗？我认为，幼儿园大可把粤语童谣这类极具“广府特色”的文化编入乡土教材和排入教学内容中，在进行正规教育的同时莫忘粤语童谣的传授。我们可以“靠”着，但更要“立”着——比如粤语童谣！

（学生齐读，老师小结。）

师：当我从林林总总的应试作文中发现这篇文章时，突然有种难言的欣慰，我找到×××，向她询问这篇考场作文的构思来由。她站在我面前告诉我，写这篇文章，主要是因为她妈妈教幼儿音乐，并且自己也喜欢。自己平时上网，也十分留意粤语童谣。我听后又高兴又难过，高兴的是毕竟有一批学生从小就接触了“琴曲书画”之类的艺术培养；难过的是有多少人能像×××一样不带功利的浸染呢？如果这篇文章是优秀的，那么，它至少告诉了我三条有用的信息：一是中学生不是不可以写出文化味十足的文章，而且是可以更有性格地张扬；二是文化并非高深莫测，它就在我们身边，我们实际上在自觉不自觉中体验并感知了文化；三是文化包括显性文化和隐性文化，如果说×××接受的是显性文化的浸染，那么，我们现在要做的是，帮助同学们进行隐性文化的开掘。（长时间的掌声）

综合上述四个教学实录，笔者认为进行文化的引领显得特别必要。引领的实质是帮助学生去发现，进而确立一种文化视角；学生要做的不是僵硬的反哺，而是因引领而勾起的回忆、联想、生发，进而通过直接或间接的再体验，去感知、去接纳、去内化身边的文化，从而完成文化习得的双向活动。比如：我们在对“美食文化”进行引领时，让学生抓住本地美食的特色，它的制作、加工、老百姓的喜爱程度、有什么独特内涵、与本地人的精神性格是否匹配、与本地地理环境是否统一、有没有相关的典故或传说……来展开，学生则可以通过品尝、回忆、联想、调查、采访、网络查询等手段进行再体验，从而获得更多的、更充实的文化视界。

通过文化引领、学生们的文化再体验，我们惊喜地发现，学生笔下的文字不再那么干巴乏味，不再那么拒人千里之外，反而笔头饱蘸情感，读着读着老师也随之感动不已。在这种背景下，我们结集成《文化叙事散文》《文化抒情散文》《文化小说》《文化传记》《文化随笔》《文化评论》，真是一发不可收。我们还想调动学生，写出、创作出别具特色的岭南文化诗歌、戏剧……需要注意的是，在进行文化引领时，除了关注文化，帮助学生发现外，还应该辅之以必要的写作常识与技巧；在实际操作中，注重学生的体验过程、活动过程，让学生在有意识的感知中获取对文化的理解与认知，进而生发出表达的欲望；在文化的表达交流中，注重交流的有效性，有机地结合阅读和写作两端，在互改互评中相互吸纳，教师则起到有效中介的作用。

第七章　地域文化与中学特色教学实录

地域文化的教学意识一旦被唤醒，在语文教学及与之有关的教育教学活动中，都可以有意识地关涉到地域文化，或者由地域文化微缩到家乡文化、校园文化、班级文化，或者由地域文化拓展到中华文化、世界文化，让语文教育活动更接地气，也让语文教学具有更广阔的文化视野与文化底蕴。甚至，地域文化可以打通各学科、各领域之间的联系，比如语文和地理，语文和历史，语文和音乐，语文与班级管理，语文与校园文化等，让语文学习与生活更紧密地结合在一起，这样的语文教学，也更富有特色。

这其中，还有一个特别的前提，那就是初高中都实行了“新课程标准”，在“新课标”的指引下，出现了很多版本的语文教材，新教材更注重编写的内容倾向于地域文化，这就为我们有效开展更大范围的地域文化教学提供了可能。另外，在“高中新课标”中，特别提出语文要开设必修课程和选修课程，其中选修课程为学生关注地域文化提供了更多的可能，再加上语文的活动课、实践课，以及最能体现地域文化特色的第二课程，都为学生关注地域文化、结合地域文化学习语文，提供了更广阔的天地。

下面，笔者就围绕语文课堂以及与语文相关的特色活动课、实践课、班会课等，将自己的教学经历，整理成典范的实录，以飨读者。

第一节　散文阅读特色教学:《我的家在哪里?》 教学实录

这节课是2013年秋在湖南张家界上的一节文化教学标杆课。该课站在“家”

的文化角度，对国人的“家”文化作了一定的深入解读，最后由“家”文化过渡到“孝”文化。这节课的特色在于：将地域文化拓展到中华文化，从文化的角度来解读“家”的意义，让一篇浅显的文章有了深层次的文化意义，让观课者印象极其深刻。

作为观课者，中国教育学会的副会长刘堂先生对这节课非常赞赏。刘会长说，这节课上得生动、流畅，是他听过的最精彩的语文课之一。胡老师的课堂设计绵密，以问题勾连整个课堂，设问讲究技巧、方法，学生乐于投入到课堂情境里面，所以整节课掌声不断，精彩不断，臻于完美。刘会长还认为，本节课作为文化阅读教学的标杆课，自然起到了很好的引领示范作用。胡老师先从冰心先生的“家”入手，层层剖析冰心老人有家回不去的纠结与无奈，生发出中国人内心深处的“恋家”情结，进而引发对“家”“孝”文化的思考，将中国人特有的“恋家情结”与“孝”这一传统美德勾连起来，形成了本节课最大的特色，彰显了文化阅读教学的魅力。

教学重点：冰心的家在哪里

教学难点：“家”的文化意义

教学过程：

（课前播放湖南电视台热播的电视节目《爸爸，我们去哪儿》的主题歌曲，时间3分钟左右。）

师：咱们湖南电视台最近热播的电视节目《爸爸，我们去哪儿》，大家喜欢看吗？

生（齐）：喜欢。

师：胡老师也特别喜欢。你们喜欢这个节目的原因是什么呢？随便说说。

生1：我喜欢旅游，他们在全国各地游玩，好吸引人！

生2：我喜欢爸爸带着小孩子玩，在我的印象里，都是妈妈带小孩。（学生笑）

生3：我喜欢这些明星家庭，特别喜欢林志颖、田亮两个家庭。

生4：这个节目洋溢着温暖的亲情，让人感受到家的温暖。我也希望爸爸带我那样去生活。

师：大家有很多感触嘛，胡老师最喜欢的理由很简单，就是好像爸爸在哪里，家的温暖就在哪里。（掌声）

师：那么，今天我们学习的课文，冰心先生的《我的家在哪里?》，给我们提供了怎样的一个家呢？胡老师想和我们民族中学的同学们来深入讨论五个问题，看看我们能不能在相互的碰撞中找到我们最想要的答案。

生（齐）：好!

师：大家看起来很有信心嘛，（学生笑）不过胡老师的问题还是有些难度的啊，这些问题，胡老师在阅读的时候也很犯难，我们一起来研讨好了。第一个问题，胡老师想问，冰心先生的家到底在哪里？请大家快速浏览课文，回答这个问题。

(1分钟左右。学生举手发言。)

生1：文章的第2段、第3段都说了，冰心先生的家应该在北京的中剪子巷。

生2：我看第1段是最早的交代，她的家其实是在她的梦里。(掌声)

生3：我还看到文章的第5段，开头说“只有住着我的父母和弟弟们的中剪子巷才是我灵魂深处的家”。我认为，综合前几位同学的观点，应该可以这样表述：“我的家在我灵魂深处魂牵梦绕的中剪子巷”。(热烈掌声)

师：同学们真不简单，一下子就抓住了文本。我要提醒的是，其实中剪子巷并不是冰心先生的出生地，她的出生地在福建的长乐，这里是她后来10多岁的记忆。(投影，冰心先生的家有什么特点?)

生1：只是一个朴素的民居。(学生吃吃笑)

生2：有一个院子，童年的冰心一定在那里留下了很多很多难忘的回忆。

生3：房子并不大，她和父母弟弟们住在那里，一定很幸福很温馨。

师：是的，家，其实并不要高屋华堂，但总能让人念念不忘。好了，第一个问题比较简单，现在过渡到第二个问题，中剪子巷有什么特点呢？大家结合第2段，我们首先读一读，再来思考这个问题。

(学生齐读第2段)

生1：书上说“街上许多行人，男女老幼，都是‘慢条斯理’地互相作揖、请安、问好，一站就站老半天。”我认为那时的人们很懂礼节。

师：中国人是礼仪之邦。那里的人懂礼节。

生2：“我感觉到他称‘你’而不称‘您’”，从这里也可以看出来，那时的人都很客气。

生3：我觉得那时的中剪子巷的人们充满了温情。

师：为什么呢？

生3：文章中说“他就把我举上车去”，一个“举”字，显示出是很亲近的人，孩子没有戒心，不存芥蒂。(掌声)

师：是的，中剪子巷之所以让“我”铭记，首先是因为那里充满了人情，温暖的人情！胡老师读到这里，是和同学们有同感的。但是，胡老师读到第3段，却突然费解了。

生：冰心没有走到中剪子巷。

师：是的，胡老师想，为什么冰心没有走到中剪子巷呢？大家讨论一下，能够给胡老师答案吗？

(学生讨论，然后发言。)

生1：第4段说了，这时我突然醒了，当然就在梦里没走到中剪子巷啊！(学生哄堂)

生2：我觉得，第5段说了，我到过全国各地、甚至世界各地很多地方，但都不是我的家，所以她其实一直在寻找。(掌声)

师：有一定道理，还有没有补充的？

生3：因为家在梦里，梦本身是不切实际的，所以在梦中找不到，恰好现实可以找到啊！(笑声)

生4：我发现第7段有这样的表述：“我这人真是‘一无所有’！……地道的无顾无虑，无牵无挂，抽身便走的人。”这里的“无牵无挂，抽身便走”，应该是冰心先生之前生活的常态，这样的生活经历，常常会让人迷失当初回家的路。作者在梦中没有走到中剪子巷，应该是自身生活经历的折射。(热烈掌声)

师：我非常赞同这位同学的观点，作者年轻时走了太多太远的路，却不经意间忘了回家的路，多么让人遗憾啊！可是，胡老师的第四个问题又出来了，为什么作者认为“我”住过的地方都不是我的家？

生（齐）：因为那里没有我的父母，没有我的弟弟们，缺少亲情。

师：同学们的反应很快，是的，家只有和亲情结合在一起，才是真正意义上的家。否则，就和旅店没有什么不同。(掌声)，下面，我给大家补充一点课外阅读资料。(投影) 大家齐读一遍：

在美国洛杉矶，有一个醉汉躺在街头，警察把他扶起来，一看是当地的一位富翁。当警察说让我送你回家时，富翁说：“家？我没有家。”警察指着远处的别墅说：“那是什么？”“那是我的房子。”富翁说。

师：在我们这个世界，许多人都认为，家是一间房子或一个庭院。然而，当你或你的亲人一旦从那里搬走，一旦那里失去了温馨和亲情，你还认为那儿是家吗？对名人来说，那儿是故居；对一般百姓来讲，只能说曾在那儿住过，那儿已不再是家了。（掌声）同学们，我们再来看一个故事。（投影）大家齐读一遍：

卢旺达内战期间，有一个叫热拉尔的人，37岁，他的一家有四十口人，父母、兄弟、姐妹、妻儿几乎全部离散丧生。最后，绝望的热拉尔打听到5岁的小女儿还活着，便辗转数地，冒着生命危险找到了自己的亲生骨肉。他悲喜交集，将女儿紧紧搂在怀里，第一句话就是："我又有家了。"

师：同学们，在这个世界上，家是一个充满亲情的地方，它有时在竹篱茅舍，有时在高屋华堂，有时也在无家可归的人群中。没有亲情的人和被爱遗忘的人，才是真正没有家的人。（热烈掌声）

师：胡老师读到第4段的时候，突然生发了这样的疑问：为什么拥有了丈夫、子女，作者还恋恋不舍中剪子巷的家？

生1：因为那时家里有父母，有弟弟们。

生2：因为那是"我"魂牵梦绕的。

生3：那是"我"出生时的家。

师："我"出生的家，好！一个人出生的家，是一个人的——

生：根！

师：很好！（在黑板上大大地书写"根"），因为冰心先生的根在那里，所以自己一直念念不忘。现在，胡老师想问大家最后一个问题，既然冰心先生知道"我"的家在中剪子巷，那为什么要在文章的标题上加一个问号？大家再讨论，来回答这个问题。

（学生讨论，回答。）

生1：冰心先生先是在梦里寻找，结果没有找到，回想自己到了很多地方，但都不是"我"的家，它只留在"我"的心里，"我"自己不知道的，剪不断、割不断的朝思暮想的家！所以要用问号。（掌声）

师：是不是可以这样理解，冰心先生到年老时想找到当初的家，结果不小心迷失了自己的家园。

生（齐）：嗯。（板书"迷失"）

生2：我觉得这里面还有更深层的意思。

师：什么意思呢？（微笑）

生2：冰心先生是不是在用自己九十年来的风雨人生，告诉我们，自己出生的家，是非常珍贵的。不要只顾自己埋头走路，有时即使你获得了巨大的成功，像冰心那样的成功，但是如果你因为走得太远太远而忘了当初我们回家的路，也是非常遗憾的。冰心在文章的标题上加一个问号，是不是在告诫我们，应该珍惜你的家。(热烈掌声)

师：这位同学的回答非常好！（板书“珍惜”）是的，我们出生的家，它和房子无关，和名利无关，有时甚至和自己的子女无关。因为自己的根在那里，自己血脉的发端在那里。不能取代，不可取代。(掌声）这里的充满血脉亲情的家，无论何时何地，无论草民权贵，都浸入了我们的血脉，直击我们的灵魂，生死相依，甚至生生不息。(热烈掌声）所以，中国人都有自己的“家”文化，咱们中国人，是恋家的，都有“家”情结，而“家”情结的背后，潜隐的是我们中华民族代代相传的“孝”文化。(热烈掌声)

(播放视频：超感人“父亲的背影”。视频大意：我小时候，父亲总是骑着自行车接送我上学，后来我读初中，到外地读高中，读大学，父亲总是骑着自行车到村口来接我。后来我参加工作了，总是因为时间忙，没有回家看父亲。直到我买了私家车，告诉爸爸我将回家看他。那天，头发花白的父亲依然骑着那辆破旧的自行车，久久伫立村口来接我。我开着车，父亲在前面骑着自行车给我带路。我泪流满面，心想，父亲，是怕我忘了回家的路吧！)(学生落泪)

师：孩子啊，别忘了回家的路！因为只有爱自己的小家，才有可能爱我们的国家。(热烈掌声）下面，我们齐颂诗人余光中先生的《乡愁》，算是对这节课的结束吧！

(学生齐颂《乡愁》)

小时候/乡愁是一枚小小的邮票/我在这头/母亲在那头

长大后/乡愁是一张窄窄的船票/我在这头/新娘在那头

后来啊/乡愁是一方矮矮的坟墓/我在外头/母亲在里头

而现在/乡愁是一湾浅浅的海峡/我在这头/大陆在那头

师：下课！(热烈掌声)

第二节　传记阅读特色教学:《梁启超与红棉精神》教学实录

这节课是结合《高中语文·必修》教材的传记阅读，课外搜集整理梁启超传记中“青少年求学经历”的相关内容。梁启超是笔者执教学校的“知名校友”，是地域文化的代表人物；而红棉树是笔者执教学校的校树，具有很强的校园文化特色。本节课，将两种看似不相关的事物关联在一起，通过师生的不懈努力，最后整合出执教学校的“校园精神”，并且经执教学校的行政会议通过，正式成为佛山三中的校园文化精神——即校园核心价值观。这样的课堂，受到了教育局领导等观课者的赞赏。

教学重点：梁启超精神探究

教学难点：佛山三中校园精神归结

教学过程：

师：同学们，我们粤教版新教材，新增添了“新闻与传记”阅读单元。在传记阅读中，我们认识和学习了中外很多名人，比如布衣总统孙中山，比如大科学家钱学森，比如大作家沈从文，还有袁隆平，外国的有罗曼·罗兰、霍金等等，他们都是一个时代的代表人物，其身上闪耀着的人性光辉，始终为后来人所敬仰膜拜。今天，胡老师从课外挑选了一个知名人物，并将其传记进行了节录，希望通过对这个人物传记的学习，能让我们更贴近我们佛山三中的校园精神，从而更加热爱我们的三中校园。这个人物就是——佛山三中知名校友——梁启超。（投影）

师：大家在初中的时候，是否学习过他的文章？

生（齐）：有啊，我们学过他的《少年中国说》。

师：大家知道，梁启超和他的老师康有为，同是中国“维新变法”的代表人物，别号“饮冰室主人”。他出生在一个动荡黑暗的年代，他的内心，却始终充盈着强烈的家国情怀。他是我们岭南文化名人，也是我们三中的知名校友。今天，在我们一起走近这位知名校友之前，我们一起来重温一下他的《少年中国说》的经典片段（投影），以表达我们的敬意。请同学们高声齐读下面的段落：

（学生齐读）

少年智则国智，少年富则国富，少年强则国强，少年独立则国独立，少年自由则国自由，少年进步则国进步，少年胜于欧洲则国胜于欧洲，少年雄于地球则国雄于地球……美哉，我少年中国，与天不老；壮哉，我中国少年，与国无疆！

师：多么豪气干云的文字！多么让人激情偾张的文章！就是这样一位知名校友，成了近代中国最具影响力的知识分子之一。后人评价他："三十年来，新事业，新智识，新思想，是谁唤起；百千载后，论学术，论文章，论人品，自有公评。"这样一位身边的文化先驱，我们没有理由绕开。今天，先让我们怀着崇敬的心情，用心走进这位杰出的校友。为了方便快捷地让大家知晓梁启超，胡老师精选了他的成长传记的部分章节，相关的纸质文本课前已经印发给大家了。下面，请大家跟随胡老师的投影，进行课堂精读。（学生齐读投影文本一）

一晃之间，启超已经三岁了，母亲赵氏开始教启超识字，每天待在母亲的怀里，听母亲在絮叨。启超听得哈哈大笑……四五岁时，就在祖父的教诲下读《四书》《诗经》等。甚至到了晚上，祖父一面给他讲故事，一面让他背书，困了，就和祖父同床而睡。……

师：大家议一议，这个片段反映了梁启超什么特征呢？

生 1：国学启蒙早。

生 2：书香门第。（笑）

生 3：幼年喜欢文字。

师：不错，启超幼年就接受国学启蒙，这对一个人的成长非常重要。我们接着往下看。（学生齐读文本二）

梁家的祖坟在崖门，清明时节，杨柳依依，鸟语花香。每年祭扫必以舟至，要经过南宋亡国时的古战场。临近崖山有一岩石凸于海中，高数丈，上面写着"元镇国大将军张弘范灭宋于此"。舟行往返，祖父必说南宋之事，诵诗，"作悲壮之声调"。这种悲壮激扬的慷慨悲歌，多年之后，梁启超仍然对此景象记忆犹新。

师：这一段，体现了梁启超哪些特点呢？

生 1：区域文化对梁启超深有影响。

生 2：对南宋亡国有深刻认识，从小就奠定了他的家国情怀。

生 3：他的成长具有地利与人和。

师：是的，同学们的发现很有价值，一个人的成长，总离不开他的区域文化

背景、他的家庭对他的影响。我们再来看文本三。(学生自由读)

1882年，10岁的小启超于广州应试失败，一夜之间换了一个人一样。回乡后，他拜周惺吾先生为师，发奋读书，开始了真正的拼搏，从广州买回的书更是反复阅读，爱不释手，张之洞的《轩语》《书目答问》被翻来覆去，恨不得自己能够完全记下。

师：那这一段，我们发现梁启超有何特征呢？

生1：他能直面挫折，愈挫愈勇。

生2：发奋读书。

师：是啊，挫折让他明白了发奋读书的重要性，只有多读书，读好书，才能为日后的发展奠定坚实的基础。好，咱们接着往下读。(学生自由读文本四)

梁启超在书院吸取着丰富的营养，系统地学习了考据学、经史、辞章训诂、典章制度和宋儒的性礼之学，打下了坚实的传统学术基础。书院有个会食，每月初一，学长和学生共餐，交流学习心得，这可是启超解难辩疑、展示才华的好机会。启超这时绝对是言论的焦点。

师：那这一段又体现了梁启超哪些特征呢？

生1：他的学习具有系统性，基础非常坚实。

生2：他学习广博，不偏废。

生3：他长于交流，善于展示自我。

师：这个时候的梁启超，已经开始凸显一位知识分子的扎实基本功和过人的才学了。那接下来会怎样呢？(学生读文本五)

母亲的去世，让梁启超情绪低落，痛苦万分，每日在母亲的屋中徘徊，睹物思人，倍加思念母亲。自己三岁习字，五岁背经，哪里没有含着母亲的血汗？外出应考求学，母亲日夜难眠，自己竟然没能在她临走时看她一眼，这是何等的不孝！

师：这时的梁启超，身上又有什么特点呢？

生1：孝顺。

生2：感恩。

生3：自责。

师：多么美好的品质！当自己的亲人去世，尤其是母亲的去世，给梁启超留下了永远无法抹去的遗憾，多么令人叹惋啊！我们来看文本六。(女生齐读)

1890年春，梁启超上京应试，但未能考取进士。但北京一行，他看到了故乡

以外的世界，开阔了眼界……从北京回到南方，途径上海，……在这里，他看到了上海制造局翻译的各种西书。他如醉如痴地翻阅这些新鲜的书籍，开始了对新学的认识。

师：大家再想想，这时的梁启超，又具有什么特征呢？

生1：开阔了视野。

生2：敢于学习西方科学文化。

生3：只有革故才能鼎新，为他今后的维新变法提供了知识基础，奠定了他的勇气与自信。（掌声）

师：是的，我们从上述六个短小文本中看到了一个怎样的梁启超呢？原来，他的家庭具有书香氛围，他自幼便勤勉好学，在耳闻目染中，他的内心就怀揣着家国情怀；以后又不畏挫折，在学习上奋发有为，不仅广博汲取，而且爱学乐学。在思想品质上，他感恩父母，笃孝大义；在学术品质上，他敢于接纳，革故鼎新。——他在青年读书时代留下的串串足迹，成了之后乃至当今我们青年学子学习的最佳范本。（掌声）

师：其实，大家想过没有，梁启超的成功，有他自身的努力，另外还有一个主要的原因，大家想想是什么呢？

生（齐）：他身边的环境。

师：对！是他有一个好的环境。幼年时，有好的家庭氛围；青少年时，有好的地理环境和读书环境。我们知道，环境是一个人成长非常关键的因素。梁启超先生得益于优质的区域文化及家庭传统的影响。如今，作为三中杰出校友的梁启超先生，他身上凸显出来的精神，依然是三中校园文化的一部分。大家知道，我们三中校园文化中最突出的环境因素是什么？

生（齐）：我们的校树——红棉树。

师：对！是红棉树，我们三中的校园，传说有两棵古老的红棉树，是非常有灵性的。据说，曾经为了校园建设，大家想把其中的一棵树挖掉，当工人触及那颗红棉树的树根的时候，竟然发现树根流出了鲜红的汁液，就像人的鲜血。于是大家都惊呆了。认为这两棵树是庇佑三中的神树。后来，以它们为代表的红棉树，就成了我们三中人人呵护的校树。现在，红棉树广栽我们三中校园，就与这两棵树息息相关。它也是我们岭南最常见的景观树。（投放两棵树的照片）

师：其实，红棉树生在岭南，历来为人所称道。（投影诗句和文句）唐代诗人许浑在《冬日登越王台怀旧》中说：“河畔雪飞杨子宅，海边花盛越王台。”以红棉花映衬“杨子宅”的高雅。清代诗人梁树勋在《访越王台故址记》中说：“昔日海边花发，王气曾钟；今朝宫畔草埋，台基已没。”说红棉花具有王者气象。还有清代诗人屈大均在《广东新语》中说：“十丈珊瑚是木棉，花开红比朝霞鲜；天南树树皆烽火，不及攀枝花可怜。”对木棉花也有自己的看法。到如今，诗人更是抑制不住对木棉花的喜爱之情。诗人周炎联在《红棉颂》中说：“冲霄壮志欲拿云，卓立桥头自不群。不尚浮华遵操守，清高正直伴东君。”直接赞扬了红棉花高贵的品格，抒发了对它的喜爱之情。

（放红棉树投影）

大家讨论一下，红棉花身上到底有哪些品格呢？

师：（学生讨论，然后回答。）

生1：红棉花的花朵不像其他花，它们常常开放在枝头，凌空勃发，有一种超拔的美。

生2：红棉花是血色的花，是一种英雄的花，具有崇高的精神之美。

生3：红棉花色泽鲜红，好似一团团火焰在枝头燃烧，象征着热情奔放、生机勃勃。同时也教诲我们要做一个热情的人，心胸宽阔，慷慨大方，才能被别人喜欢。另外，红棉花花期很短，但是一旦开放，极为灿烂夺目，具有一种纯粹之美。

生4：红棉花的花语是：美好和博爱，珍惜身边的人。

师：同学们归纳得非常好，胡老师听了同学们的发言，对红棉的精神作了如下整理。一是红棉之真：凌空、勃发；二是红棉之善：英雄、崇高；三是红棉之美：灿烂 、悦目。而刚才，我们也整理出了梁启超的精神：笃学、爱国；奋发、博雅；思孝、图新。在这里，红棉精神与启超精神并列在一起了，自然精神与人文精神同时提出来了。

生（齐）：啊！

师：现在大家要思考的是，三中的自然精神与人文精神能否融合在一起呢？如果能融合在一起，就会产生佛山三中的校园精神。所谓校园精神，是指在一定的历史条件下，为求生存和发展，达到既定的教育目标，而在长期的校园文化创造过程中积淀、整合、提炼出来的，反映学校广大师生员工共同目标的群体意识。胡老师认为，三中校园精神的来源，一是与三中最具渊源的文化精英，二是对三中最具影响力的红棉树。大家思考一下，能不能在这两种精神之中提炼出最具三中特色的校园精神来？

师：大家再讨论的时候要注意，校园精神的特点应该简洁凝练，富有个性，最好让人过目不忘。

（学生分组讨论，举手发言。）

生1：我们小组讨论的结果是“养红棉神韵，法启超高标”，将红棉与启超有机结合。（掌声）

生2：我们小组讨论的结果是“和谐尚美，启智超拔”，将红棉的特点与启超的精神加以直观再现。（掌声）

生3：我们小组讨论的结果是“卓异担当，南国芳华”，也是将两者有机融合。

生4：我们小组讨论的结果是“博闻雅致，立美求真”。（掌声）

生5：我们小组讨论的结果是“笃学恩孝，裔裔皇皇”。（掌声）

生6：我们小组讨论的结果是“善若清流，卓如红棉”。我们的理解是：清流，重在指“东平河”，体现出佛山三中独特的地理位置。“善若清流”从“上善若水”变化而来，表明三中师生“纯洁、智慧、灵动”，而且新的思想源源不断，同时，“善”侧重于“德育为首”的思想；而下联的“卓”侧重于“才智跃冠，功勋卓著”，两者可媲美。下联“卓如”化“梁启超”的“字”，“红棉”作为校树，应对巧妙。上下联对应工整，既有文化内涵，又有地域特征，既有校园情怀，又有想象空间，可谓过目不忘。（长时间掌声）

三中校长：作为一名听课教师，我要充分考虑同学们本节课的精神成果，我们学校将发起三中校园精神的大思考。这节课，我向老师、同学们学到了很多。感谢胡老师、同学们的精彩表现！

师：谢谢校长的参与与肯定。请同学们结合本节课，将自己的思考结果大胆地写出来，像第六位同学的发言一样，写出你的“结果”和对结果的“理解”，相信我们的共同努力，一定会让佛山三中的校园精神更加深入人心。谢谢大家，下课！（掌声）

注：本节课后不久，“卓如红棉”四字获得佛山三中校行政大会的通过，正式作为三中的校园文化精神向社会公布。

第三节 文化启蒙特色教学:《关注身边的文化》 教学实录

这是一节地域文化写作的启蒙课，该课也作为讲座内容在广东、北京、重庆等地进行传授。听课者有小学生、中学生和大学生。如何开始接触地域文化，如何开始从写作入手关注地域文化，本节课是非常具有启发作用的。

教学重点：了解本区域的文化进而延伸

教学难点：能够写进自己的作文

教学过程：

师：同学们，大家知道，狭义的文化是指人们普遍的社会习惯，如风俗习惯、衣食住行、生活方式、行为规范等。我们每个人都有自身成长的母体环境，即区域化的成长环境。这个环境中就有我们所说的区域文化，它具有历史性、体认性和无形的影响力。今天，我们就从大家非常感兴趣的美食说起，看看我们身边有哪些文化现象。

（投影，显示“佛山美食”文字。）

师：大家说说，你最喜欢佛山的什么美食啊？

（学生讨论，七嘴八舌，举手发言。）

生1：我特别喜欢吃顺德的双皮奶。双皮奶可说是顺德美食最亮丽的一张名片。顺德盛产优质水牛奶，除了双皮奶之外，还有姜撞奶、炒牛奶、炸牛奶、牛奶锅贴、牛乳饼，顺德人把水牛奶的各项用途都开发出来了。美食散文家沈宏非说：顺德人对牛奶的一往情深，别说在岭南，就是整个汉民族也十分罕见。

生2：我喜欢吃应记云吞面。据说，1936年的某一天，佛山一应姓人家用超凡的手艺做成了应记的第一碗云吞面。从那以后，应记云吞就日日夜夜，从不间断地在佛山的大街小巷迷倒了一代又一代佛山人。如今应记在佛山已有14家店面，人们在街头巷尾都能闻到应记云吞的香味。应记云吞有皇牌鲜虾云吞面和普通云吞面两种。前者皮薄肉厚，一粒粒鲜红的虾肉在皮下隐约可见，其味脆口清甜，价格比普通云吞面贵近一半，为6元钱一碗。应记的“皇牌鲜虾云吞面”获得2000年“中华名小吃”和2003年佛山“十大风味小吃”之荣誉。（掌声）

生3：我喜欢盲公饼。它以糯米为主，食糖、花生、芝麻、猪肉等为其主要配料。盲公饼内所夹的猪肉制法最为精巧，用细白糖腌藏数月后，才取出配制，吃起来甘美酥脆，回味无穷。

生4：我喜欢吃佛山酝扎蹄。它有两种形式：一是用整只猪手酝制而成；一是用猪脚开皮，抽去脚筋和骨，再用猪肥肉夹着猪精瘦肉包扎在猪脚皮内酝制。所谓酝，就是用慢火煮浸。由于后者是用水草扎着来酝制，特别好吃。（笑声）

生5：我喜欢吃九层糕。在我们禅城、南海一带民间喜庆节日中，尤其是春节，家家必做九层糕，取其“长长久久，步步高升”之意。所以我很喜欢。

生6：我喜欢吃均安煎鱼饼。它甘香爽滑，鱼肉有弹性，以蚬蚧酱佐食更显鲜味。这一款传统美食，在顺德均安镇已有一百多年的历史，曾获“中华名小吃”的称号呢！（掌声）

生7：我喜欢吃凤城酿节瓜。大良近郊所产黑毛节瓜，身短肉嫩，当地人利用这一特产，制成一款家庭名菜——酿节瓜。特点是清甜软滑，甘香味美。配料有鲜鲮鱼肉，肥瘦猪肉，湿冬菇、虾米、湿鱿鱼等，特别好吃。（笑声）

师：谈到吃，大家可都是“行家”啊！一下子就说了这么多富有地方特色的美食，（投影，展示相关美食：公兴隆饼、合记盲公饼、佛公饼、西樵大饼、得心斋酝扎蹄、应记云吞面、石湾鱼腐等。）其实啊，这些佛山地方美食，也是岭南区域文化的一部分，说它们是文化，是因为这些美食的背后，常常蕴含着当地百姓朴素的文化情怀，我们不妨以盲公饼为例子，来谈谈这个话题。（教师给每个学生发一个盲公饼，学生一阵欢笑。）

师：（笑）大家先别忙着吃啊！先看看它的外包装，大家说说，盲公饼有什么特点？

生1：它的包装袋上注明了“佛山特产”商标，表明它只是佛山这个区域的产品，而且包装袋上还画有古代制饼的作坊，说明盲公饼具有很长的历史渊源。（掌声）

师：有人知道盲公饼的来历吗？（学生讨论，然后举手回答。）

生2：在我的记忆中，因为它是由一盲人创制而得名的。这盲人名叫何声朝，八岁时由于家贫患病，无钱医理，而致双目失明。十岁开始学卜易，学成后，就在本市教善坊口开设卦命馆。生了两个儿子，一个叫荫源，一个叫奋兴（字豫斋）。二儿子豫斋在馆侍奉父亲。由于问卜者多携带小孩，喧闹啼哭，影响工作。

豫斋乃想出一法：用饭焦干磨成米粉，加上芝麻、花生，用生油和匀，制成米饼，称为“肉饼”（现盲公饼饼印仍旧有肉饼二字）。这样既可卖给问卜的人以饵小孩，又可以多赚一些钱以补助家计。由于制作别出心裁，甘香味美，价钱便宜，购买的人日多。邻居为了获利，也仿制出售，但质量不及“正货”，人们都拥向何声朝处买。辗转相传下去，来盲公馆买饼的人们都叫肉饼为“盲公饼”，盲公饼遂由此而得名。（掌声）

师：非常好，可见你是个资深的“吃货”啊！（笑一片）

生3：这个典故说明我们早期的佛山人是很有创新意识的，具有咱们岭南人“敢为人先”的精神，也很有经济头脑和重新创业的精神。（掌声）

生4：我发现盲公饼的外形是圆的，而“圆”则意味着团圆、美满，也有圆润、通融四方的意味，体现了盲公饼美好、融合四方的文化意味。（掌声）

师：那大家再尝一口，看看有没有新的发现。（学生吃盲公饼）

生5：嗯，里面有糖，是甜的；有肉，肥而不腻；有花生和芝麻，还有绿豆粉、大米粉、熟糯米粉，吃起来却感到松脆、无杂质。

生6：糖，意味着甜美；用料都是本地出产的，意味着朴实，有浓厚的家乡的味道。（笑声，掌声）

师：是的，一个小小的盲公饼，身上却映射着咱们佛山人的文化情怀，它朴实、甜美、敢于接纳、敢于创新，这些文化底蕴，也许就是人们一直爱着盲公饼的原因吧！（掌声）其实，我们身边的其他传统美食，也大都富有本地的文化情怀，我们统统把这些称为“美食文化”。这些文化，因为大家很喜爱，又那么富有地方的人文情怀，是我们写作文不可多得的作文素材，那么，我们在作文中怎样体现这些具有魅力的区域文化呢？下面，我们就展示一篇记叙文的几个段落，大家认真看看，第3段怎样改，才会让文章更具有可读性呢？（投影）

标题：离不开你

……打出生起，爸爸妈妈就带我吃过很多很多好吃的佛山美食。他们还叫我“小吃货”，我不介意，因为我生在这里，长在这里，我已经离不开你。

我离不开好吃的双皮奶，我离不开圆圆的西樵大饼，离不开令人垂涎的大良磞砂，还有那软软的九层糕……其中，我最喜欢的是盲公饼。

妈妈会做盲公饼，我也不知道妈妈是怎么做出来的，据说还有一个很美的典故，我不知道，但是我很喜欢吃。喜欢那种小小的、甜甜的、香香的味道。我不知道爸爸妈妈为什么喜欢盲公饼，也许，就是因为我爱吃吧。

（学生讨论，然后举手回答。）

生1：我们可以从盲公饼的制作过程来充实第3段。

生2：我们可以从盲公饼的典故来充实。

生3：我们可以直接从盲公饼的文化底蕴来揭示其内涵。

生4：我们可以在比较中突出盲公饼的特色。

生5：我们可以从食客的反映中来体现。

师：好，大家说得非常好。我们不妨花一点时间，主要围绕前三种修改意见，来进行一下现场修改，同学们拿出纸笔，我们分成三个小组，用5分钟修改，然后再交流讨论一下，看看我们有哪些收获。

（学生修改，交流讨论，举手发言。）

生1：我们是围绕第一种修改意见进行修改的，修改如下：我的妈妈最爱做盲公饼，每当节假日，妈妈总是先认真准备材料：先将米饭熬成饭焦，香香的，脆脆的，火候刚刚好，然后用小石磨均匀地磨成焦米粉，接着，再加上碾磨碎了的白芝麻和花生米，最后加上生油。妈妈常常用香油，将这些材料和匀，最终制成一个个可爱的小米饼……做小米饼的时候，满房间那个香啊，我常常站在旁边，那个口水啊，已经不能克制啦！——盲公饼，我爱死你啦，我离不开你！（掌声）

师：围绕盲公饼的制作过程来展开，我们更清楚地了解了它的制作过程，读来满口生津呢！（笑）

生2：我们这一小组是围绕第二种意见来进行修改的，修改如下：妈妈喜欢做盲公饼，据说盲公饼有个动人的典故。原来，我们佛山盲人爷爷有个儿子，为了让算命店里的小孩更加安静些，就用很香的材料做成了人见人爱的“肉饼”。于是，由盲人做的“肉饼”后来就叫作“盲公饼”，代代相传了下来。一个盲公饼，让我看到了佛山人的聪明，敢于创造、富有爱心的精神。我爱吃盲公饼，更爱盲公饼里折射的佛山精神。盲公饼啊，我离不开你！（掌声）

师：将盲公饼的典故巧妙地穿插到原文中，不留痕迹，却给读者留下了难忘的印象，让我们看到了盲公饼深厚的历史积淀，同时也看到了佛山精神，好！

生3：我们这一小组是围绕第三种意见来修改的，修改如下：我爱盲公饼，是因为爸爸妈妈也爱盲公饼。爸爸常说，盲公饼里其实暗含着我们佛山人的文化底蕴和精神，它圆圆的，象征做事圆满；它灰灰的，象征做人朴实；它甜甜的，象征美好幸福；它代代相传，象征着不老的仁爱、聪慧、创新精神。它是我们佛

山精神的一个缩影，它是我们每个佛山人的象征。盲公饼，我爱你，我们离不开你！（掌声）

师：围绕盲公饼的文化底蕴来展开，充分揭示了它的文化内蕴，让我们更喜欢盲公饼了。

生4：老师，我也是第三小组的，我想在刚才那位同学的基础上，重新修改这三段，您能给我这个机会吗？

师：好啊！（掌声）

生4：我的作文题目是“电话铃响起”，正文如下：

又一次，我和妈妈在家里吃盲公饼，突然电话铃响起。

是出差在外的爸爸打过来的。

爸爸问我在吃啥？我神秘地要爸爸猜猜。爸爸说，不用猜，肯定是盲公饼。

我说，爸爸，不会吧，你在千里之外耶！

爸爸说，听你吃东西的声音，我就知道。

我说，什么声音啊，爸爸？

爸爸说：一种面面的、俨俨的、甜甜的声音啊！

我说：爸爸，您为什么也这么喜欢盲公饼啊？

爸爸说：盲公饼里其实暗含着我们佛山人的文化底蕴和精神，它圆圆的，象征做事圆满；它灰灰的，象征做人朴实；它甜甜的，象征美好幸福；它代代相传，象征着不老的仁爱、聪慧、创新精神。它是我们佛山精神的一个缩影，它是我们每个佛山人的象征呢。所以啊，爸爸特别爱吃盲公饼。

我放下电话，爸爸的声音还在我的耳边萦绕，内心却被深深地震撼，原来，一个小小的盲公饼，居然承载了厚重的佛山文化。

感谢这次通话，感谢爸爸，感谢盲公饼！（热烈掌声）

师：看来，一旦激活了大家的文化热情，修改作文、写作文不再是一件令人头疼的事了。（学生笑声，点头）常言，一方水土一方人，这一方水土，是生我们、养我们的另一个母体。在这里，有我们祖祖辈辈流传下来的传统文化。也有不断创造的新文化，这些文化，和我们一脉相承、一衣带水，具有非常密切的关系，而且，因为文化的背后常常站立着一个民族、一个区域民众的人文情怀。所以，将这些耳闻目见、滋润我、养育我的本土文化写进自己的作文，应该是非常自然的事情。希望同学们关注我们身边的文化，用自己鲜活的素材，去描绘更生动、更广阔的作文空间！（热烈掌声）

师：其实，很多大作家，当他们面对身边的文化现象时，也总是拿起他们的笔，记录下人们对本地文化的无限钟爱，比如鲁迅先生写过《五猖会》，贾平凹先生写过《秦腔》，叶君健先生写过《看戏》。这些，都成了脍炙人口的美文名篇，也都选入了我们的语文教材。胡老师今天特节选了叶君健先生的《看戏》片段，（投影）大家读一读，看看有什么感想。（学生读，然后讨论，举手发言。）

……但剧场里并不是没有人。相反地，人挤得非常满。每个角落里都是人，连过道的石阶上都坐着人：工人、店员、手艺人、干部、学生，甚至还有近郊来的农民——一句话，我们首都的劳动人民。从前面一排向后面一望，这简直像一个人海。他们所发散出来的热力和空中的暑气凝结在一起，罩在这个人海上面，像一层烟雾。烟雾不散，海在屏住呼吸。

…… 观众像着了魔一样，忽然变得鸦雀无声。

他们看得入了神。他们的思想感情和舞台上女主角的思想感情交融在一起。随着剧情的发展，女主角的歌舞渐渐进入高潮。观众的情感也渐渐进入高潮。潮在涨。没有谁能控制住它。这个一度平静下来的人海又忽然膨胀起来。戏就在这时候要到达顶点。我们的女主角也就在这时候像一朵盛开的鲜花，观众想要把这朵鲜花捧在手里，不让它消逝。他们都不约而同地从座位上起来，真像潮水一样，涌到我们这位艺术家的面前。观众和她打成一片。舞台已经失去了界限，整个的剧场就是一个庞大的舞台。

生 1：表现了观众极度的热情。

生 2：表现了女主角十分投入。

生 3：这是人们热爱地方文化最鲜活的实录。

师：是的，人们对区域文化的痴迷，源于他们的精神共鸣，于是，京剧得以经久流传，生生不息。在我们身边，有大家熟知的岭南文化；如果我们把视野再扩大一些，我们都是炎黄子孙，我们的文化视野也应该逐渐地扩大，大到我们的中华文化。其实，丰繁的中华文化相对于世界文化来说，也是区域性的。希望同学们不断地学好科学文化知识，不断扩充自身的文化视野，使得我们的作文能够更多地体现岭南文化底蕴，进而更多地充盈中华文化的底蕴。（热烈掌声）

第四节　文化写作特色教学：《文化时评——走进广州》活动实录

本节课是围绕粤教版《高中语文·必修》新闻单元所进行的“以写促读”的典范案例，是一个很有意义的新课题。本节活动课所产生的文化成果，在广州市高中语文教师学术会议上进行宣讲，产生了很好的反响，同时也是结合地域文化进行议论文写作的典型活动范例。

活动重点：时评的写作

活动难点：区域文化时评的写作

基本理念：以写促读，以读带写。即以“写”为目的，以“读”为依托。而“读”，分为定向阅读和拓展阅读两种。“以写促读”的初衷就是让学生的写作活动“活起来，动起来”，其思路是由课内到课外，由被动到主动，由冥想到体验；围绕作文命题，组织学生进行一次阅读、二次阅读……N次阅读，在充分的阅读中，激活学生写作的灵感，进而整合化用阅读到的材料，最后进行写作的活动。

活动主题：就身边的“广府文化”，写一篇文化时评。配合教材新闻单元的学习，并作为课内的阅读资料，进而关注身边的社会文化现象，尤其是“广府文化”现象，通过大量阅读相关文本，最后以论说为主线，对当下的“广府文化”现象作出评价。

活动方式：先进行纸质文本的阅读，主要是教材中的新闻单元，还包括身边的新闻、杂志；其次是网络文本的阅读，包括文化网站、文化专题与文化论坛等。学生根据班情分为多个小组，利用语文活动或者周六、周日进行阅读及整理，为写“广府文化”时评做好准备。

活动过程：

（一）“广府文化”的阅读引领。为了更好地完成本次写作任务，笔者首先进行了关注身边的广府文化的阅读指导。根据中学生的接受能力，教者将学生身边的“广府文化”，如“衣食住行、待人接物、风俗习惯、文化名人、节日仪式”等表述为以显性为主的特定事物，比如粤菜、岭南盆景、广府服装、广府民俗、粤剧、广府建筑、岭南画派、粤语等，这些都是中学生非常熟悉，也是经常关注的。本次阅读，就将主要精力放在这些方面。

（二）以写促读。在定向阅读之前，根据兴趣爱好，教者将班上的同学分成若干个小组，统计下来，主要有如下九组，分别是：1. 广府美食组；2. 广府建筑组；3. 广府服饰组；4. 广府曲艺组；5. 粤语组；6. 广府景观组；7. 广府文化名人组；8. 广府民俗组；9. 广府节日组。根据分组，确定小组长；利用语文活动时间或者周末时间，采用实地考察、亲身感受、查阅资料、网上搜索、咨询等方式，去阅读掌握第一手资料。下面列举两例，来说明学生在阅读中的收获。

第一例　高二（8）班广府建筑组以×××同学为组长的关于荔湾区西关传统住宅包括以下几种类型的阅读素材整理：1. 清晚期广州旧民居，即通常所讲的“西关大屋”。其平面布局是在广州及珠江三角洲一带传统的三间两廊式多单位纵向组合的基础上，吸取苏州等地大宅中的厅、堂布局演变而来。它的平面沿纵深方向排布，左右对称地布置若干进房及天井、楼梯间、厨房等。在建筑物主体的外侧设有“青云巷”（也称“冷巷”），作为生活活动和出入之用，也能够满足辅助功能。正间以厅堂为主，中轴线明确而严整，沿轴线布置门廊、门官厅（门厅）、轿厅（茶厅）、正厅（神厅或大厅）、头房（长辈房）、二厅（饭厅）、尾房等。这种格局适合于封建大家族聚族而居，而且功能分区明确，内外界线严明，显示出主人的身份。这种格局还反映出当时居民文化生活形态。2. 除上述西关大屋之外，还有一种“五边过”特大型住宅，它在屋旁、屋后附建有花园、亭阁和水榭等。其平面有五个开间，规模较大。但广州目前已无实物存在。3. 相对狭小的中、小型民居——竹筒屋住宅类型的简化样式。其建筑的进数不大，开间亦少，一般为一开间或两开间，平面同大屋相类似，我们今天所见广州荔湾区特色住宅建筑中，有相当一部分属于此类。4. 平面格局为传统住宅竹筒屋的形式，而立面为中西合璧式样的中小型特色住宅。多为一或二开间，有的另辟一偏门，其内设上至二、三层的狭窄楼梯间，内部也有多层次进深。5、完全西式风格的近代住宅。它的规模大，单栋，二或三层。外墙面用红砖或水刷石。在街区的布置上，由于城市用地紧张，建筑都紧密排列，单体向纵深发展，横向只占较少的沿街面宽。所形成的小街坊虽然较为狭窄，但是其空间亲切，尺度宜人。它的特色在于追求自由而实用的聚合形式，同时又受到商业文化氛围的烘托。这些建筑，在目前房地产风起的大背景下，很多都被拆除了。

第二例　以×××为小组长的岭南曲艺组搜集的粤剧阅读素材，他们从粤剧的产生、特点、代表艺人、发展沿革、历史变迁等多个角度进行了1万多字的阅读素材整理，可谓洋洋大观，美不胜收！限于篇幅，在此不一一呈现。

当然，还有其他小组，通过短期的素材定向阅读搜集，已经非常丰富了。

（三）写作指导。时评，是近年来新兴的一种文体。它的出现，乃至当前的中兴，是社会发展的必然，有相对的历史根源，也有当代许许多多自由时评人推波助澜的原因。时评就是对当前发生的新闻及其新闻中的事实或者新闻中表现出的乃至隐藏的问题，发表作者自己的见解，或者归纳、整理出新的结论或者观点。简单地说，就是评说一件事情、一个问题或者是针对几件事情、几个问题进行评说。根据时评的特点，我们可以根据“广府文化”素材、“广府文化”热点、“广府文化”问题来展开评论，一般来说，“广府文化”时评分为四步写法：一是根据文化信息（包括上述的文化素材、热点或问题），提出自己评论的观点；二是结合文化信息，围绕观点进行分析论证；三是结合现实提出建设性的意见；四是回到观点，总结全文。

同时，我们还要进一步完善阅读素材。1. 搜集该文化素材的内涵（比如什么是“骑楼文化”，其价值是什么等）。2. 搜集该文化素材的古今名人的事例、言论（比如岭南文化名人对“骑楼”的言论）。3. 搜索该文化在当今社会引起的各方面争论（比如忽略了“骑楼”建筑的现实）。4. 搜索能够为帮助自己观点成立的深刻语句等（比如“骑楼”不可丢失的文化意义等）。在写作构思前，我们还要思考这样一些问题：1. 通过文化找寻到我们需要评论的问题。2. 从现实角度进行小、巧的表达。3. 引用素材，要为证明自己的观点服务。4. 确实写出自己的感悟与心得。

（四）写作过程。笔者给学生讲授了阅读方法和写作方法之后，同时通过讨论，学生明白了“文化问题的产生”主要是由社会经济的发展、政府部门忽视文化、民众文化心理误区和外来文化入侵等因素产生的；我们应该以“文化问题”去追问“文化责任”，养育“文化情怀”；在这种情形下，学生很快投入到写作过程。经过学生充满表达欲的诉说，1000字左右的广府文化时评出炉了，结果大大出乎我们教者的意料之外——佳篇琳琅满目，可谓美不胜收！

（五）表达交流。

师：同学们，大家之前经过大量的阅读，围绕“广府文化”来写作时评，目前已经完篇。我们想利用一节课，来共同分享我们的写作成果。大家先分小组交流阅读，彼此写一点评语。然后请同学们推荐你认为写得好的同学到讲台上来和大家分享。被推荐的同学最好用简略的话语来反映你的文章内容和主题，不一定要全部念出来。

（学生分小组交流写评语，同时推荐优秀作文、优秀作者。）

生1：我写作的题目是《粤语童谣该何去何从?》。通过写很多脍炙人口的粤语童谣逐渐从幼儿园消失的现象，认为：那一首首带着温暖色调的熟悉韵律，不能慢慢消亡。推广普通话不应是让普通话压倒一切，我觉得应该是方言和普通话协调发展，相互促进。我认为，幼儿园大可把粤语童谣这类极具“广府特色”的文化编入乡土教材和排入教学内容中，在普通话教育的同时穿插着粤语童谣的教授。如此，我们才能在时代的发展变迁中不失其最初的本我！（掌声）

生2：我写的是《“骑楼”的进与退》。我通过写广州大量的欧式楼盘的兴起，最具有广府建筑文化代表的“骑楼”却不注意保护。我感叹道：广府文化的流失昭示着中国各大城市民间艺术和文化的消失。我忧心，中国的城市变得相仿，大街小巷都不再有特别，余下的文化会变得没有个性。很难想象，当外国朋友问“中国有什么特色文化? 广州有什么特色文化?”的时候，得到的回答是“无比强大的包容力。”……当广州失去了“广府文化”，当中国失去了中华文化，当噩梦成真的一天，我想中国也该从四大文明古国退下来了……文化只是曾经有过，不禁让人唏嘘不已……（热烈掌声）

生3：我写的题目是《佛山剪纸折射的梦》。大家知道，佛山的民间剪纸是佛山人民为了满足自身精神生活的需要而创造的，并在他们自己当中应用和流传的一种艺术样式。他们凭借着自己的聪明才智，在长期的艺术实践和生活实践中，将这一艺术形式锻炼得日趋完美。形成了以刻剪、镂空为主的多种技法，如撕纸、烧烫、拼色、衬色、染色、勾描等，使剪纸的表现有了无限的深度和广度。而当今社会，家长们通通盼望自己的儿女成龙成凤，于是小小年纪便琴棋书画样样皆通，可是这“琴棋书画”却无一例外地变了味儿。琴是西洋的钢琴、小提琴；棋是易获奖的国际象棋；至于书，当然是英文书了；最后画也不例外，都是易学易得奖的水彩画、蜡笔画。不过近年学中国画的人也开始渐渐多了起来。但是还有数不清的传统文化在渐渐地没落，像剪纸、像陶瓷，通通变得粗制滥造，以营利为目的。我呼吁：少年强则国强，只有把传统文化留在孩子手中，它们才能传承下去，重拾当年的辉煌。（掌声）

生4：我写的题目是《拯救老广州的美食》。五年前，政府公布了第一批

“老字号”，包括“广州酒家”“陶陶居”等广州人耳熟能详的名字。但是如今，它们中的许多正等待着我们去拯救。这是因为：“老字号”背负着计划经济遗留下的厚重历史包袱，人员过多，早期积累不多，退休职工的退休金还需要企业支付，造成企业运营困难，资金周转不灵。过多的负担使得“老字号”企业难以轻装上阵，难以和其他企业竞争。同时，一些老字号习惯于享用现成的黄金地头和金字招牌，传统经营模式丝毫没有改变。品牌形象老成持重有余而活泼便捷不足，最终导致“老字号”在人们心目中逐渐失去了号召力和忠诚度。于是我认为：政府必须出手拯救他们。通过规划引导，把“老字号”店相对集聚在中山五路、北京路、康王路等地段，以期形成“老字号”一条街。同时，广州应采取措施支持“皇上皇”“广州酒家”“利口福饼屋”等“老字号”发展连锁经营。此外，应当制定政策法规，鼓励民间有识之士和资金扶持文化事业、积极投身“老字号”保护，如税收优惠等。另外，“老字号”改制要加快，要在“老字号”经营好的时候，尽快以一个好的价格将其变现，让产权流动起来。（掌声）

生5：我写的是《如何能让粤剧再次吸引我们的眼球?》。通过分析当代年轻人过多地关注外来的娱乐文化和休闲文化，而忽视了“广府文化”中最有代表性的粤剧，我认为：粤剧和粤语、粤菜一样都是我们“广府文化”的标志，我们要将它推广到全国，乃至全世界，成为我们的标志。多看看粤剧，能让我们多多了解“广府文化”。我们也应学习粤剧演员那种不怕苦、不怕累的精神。著名粤剧演员红线女说：“我活一天，就要为‘南国红豆’继续贡献力量。对粤剧，我是一往情深，直教生死相许啊。”台上一分钟，台下十年功。每次上台前的化妆，准备工作都要做充分，每次表演，他们都怀着满腔热情，所以能获得成功。（热烈掌声）

师：本次活动，开放的空间大，我们围绕作文主题，可以有选择性的阅读，在阅读中体验，在体验中积蓄表达的欲望，尊重了我们个人的感受。同时我们发现，有了阅读，有了素材，有了想说的话，再来写作文，原来作文并不可怕！这次以写促读活动，课堂内用时少（两节课），大家课外用时多，而且积极性高，阅读量大。关键是：大家的作文水平明显比平时的要好，写出了发自内心的文字；而老师，也觉得非常有成就感，谢谢同学们！（掌声）

第五节　实践活动特色教学:《走进红牌集团》 活动实录

这次实践活动课是带领学生走出教室，到当地富有文化特色的企业进行语文实践学习。该活动实录曾被湛江市教育局评为最佳实践课，也被语文核心期刊发表。现呈现于此，以期对大家有所帮助。

活动重点：了解富有特色的本土企业

活动难点：体验富有区域特色的企业文化

活动之前的准备：

（一）选择实践的地方企业：红牌企业集团位于中国南部最著名的海滨城市——湛江。近天者变，近海者博。红牌集团以家电为依托，广泛涉足电子、酿酒、有色金属、机械、通讯、多媒体、电子商务等高新产业，拥有“HONG”“三角”“威力神”三大品牌、六大主导产业基地、十七个控股产业集群投资，形成了以集科、工、贸于一体的综合性超大民营科技企业集团。目前拥有在职员工30000多名，综合年产值达140多亿元，集团10000多个销售网点遍布全球的92个国家和地区；培育出了一个国家级小家电技术中心、一个省级的厨卫电器工程技术中心、一个省级的果露酒研发中心。我们最终选定这个知名企业作为我们实践的对象。

（二）制订活动方案。将笔者班上的学生分成实践学习小组。由小组共同讨论、制订活动计划，明确探究题目，确定活动的目标、内容、方式、分工与合作的要求、成果体现形式。

第一小组：学会给产品写说明书。注意说明书用词的专业与准确、提示语言的温馨与体贴。

第二小组：学会给产品写广告。注意广告词的特点，言简意赅，雅俗共赏，对产品具有推介力。

第三小组：红牌集团董事长访谈。在访谈过程中，灵活运用不同的提问方式，语言要得体，举止要文明，认真做好现场记录。

第四小组：做好“红牌”产品的消费调查。认真做好调查工作，搜集和保存调查的资料信息。

第五小组：尝试到红牌集团应聘。以一个高中生的身份，到红牌集团应聘短期的工作，最好是寒暑假。

活动时要注意：分工合作，尽量利用摄像机、录音机并保存资料。在实践中要团结互助，注意安全。

活动过程：

（一）活动时间

具体时间为2006年3月31日—2006年4月1日，共两天时间。

本班学生56人，由教者胡老师带队，到企业厂区，由厂区工作人员分别引领小组学生展开实践活动。

（二）活动过程要求

1. 实践小组根据活动的目标整合资料，小组成员相互交流对问题的看法；每个人自选角度，组织材料。

2. 实践小组优化组合各人文章的优点，集体合作，再写出本小组的文字材料。

3. 可以将学习实践的成果编辑成手抄报或制作成网页，尽可能做到图文并茂。

4. 可以将录音、录像等资料，制作成音像作品。

（三）活动成果说明

1. 各实践小组展示学习成果。有条件的小组可以将学习成果制作成演示文稿（如PowerPoint），进行演示。

2. 设立调查报告、音像作品、访谈、手抄报、演示文稿等单项奖。

3. 小组自评和互评，教师、家长和社会有关人士参评，可以从创新精神、个性特长、资料收集、口语交际、写作技能、合作探究、编辑艺术、参与态度等角度，鉴赏和评议各小组的探究成果，提出改进建议，然后评出各单项奖。

4. 小组成员交流本次语文学习实践的心得体会和收获。

5. 本次实践活动，也是粤教版《高中语文·必修五》写作活动单元——“走近经济”的实践版，对“经济”感兴趣的同学，可以自由组合，运用这次实践活动掌握的各种语文知识和语文技能，继续开展“走近经济”的实践。

6. 本次语文实践活动，重在了解、体验富有地域特征的企业文化，在参与实践的过程中，既要体现必要的语文元素，也要深入参与，在企业各个环节中体验特殊的企业文化。可以说本次实践带有双重作用。

活动成果示例

（一）产品说明书

1. 红牌集团下属的酒业公司产品“天地1号”（第一小组）

实地调查所见：

我们小组在公司负责人的带领下参观了“天地1号”公司的蒸馏车间、浸泡车间、勾兑车间、灌装车间、包装车间等生产场地，印象深刻。走进蒸馏车间，那20个高达6米、直径3米的巨形酒罐着实让我们吃惊。这里100吨容量、150吨容量、280吨容量的酒罐满足了不同的生产需要。空气中弥漫着一种特殊的酒糟味，我们张着好奇的眼睛四处张望，小心翼翼地向前走着，仔细地观察着，生怕错过哪一个环节。进入浸泡、勾兑车间，那热气腾腾的蒸馏釜、香气四溢的糖化槽、巨大的煮糖锅，无不让我们感到新鲜。在万吨储酒库，那整齐排放于地的数十个高一米多的酒缸引起了我的注意。细细询问才知道这些就是浸泡药材的酒缸。这里的酒一般浸泡一至两年，所用药材150多种。我们不禁惊叹一番：想不到春砂仁、海龙等耳熟能详的普通药材竟也能泡酒，还有许多叫不出名的、有独特保健功效的药材也用来泡酒。我们不禁惊叹于此家公司生产规模之大、所备药材之全。我们俯下身子嗅了嗅酒缸，仿佛真的闻到了一股淡淡的酒香。带着一种满足、一种欢欣，我们又走进了包装车间。在这里，工人们穿着整洁统一的工作服，我们目睹了严谨有序、既快又稳的生产过程，惊叹于工人们娴熟的动作、专业的技术。

“天地1号”说明书：

本产品出自美丽的南部港城——湛江，是广东著名企业——红牌集团的拳头产品。本产品的醇香口感源自企业的雄厚实力与强力的技术支持。在追求口感的同时，关注健康是本产品最大的特色，150多种药材的神奇作用，给消费者带来了前所未有的健康享受。

2. 红牌集团下属的三角家电公司（第二小组）

网上查询、实地调查整合所得：

自1976年生产第一台简易电饭煲以来，1986年该集团与世界知名企业合作，并将三角牌及红牌电饭煲远销世界80多个国家和地区。1996年引进德国全自动电饭煲生产线。该企业通过了ISO9001：2000国际认证，电饭煲系列获得了“国家免检产品”称号。该企业还自行设计生产了目前粤西地区最先进、最大的泡沫生产设备。走进生产车间，最让我们震撼的是三角家电公司震耳欲聋、紧张有序、高效高产的生产现场，最让我们感动的是集团“竞争在市场，决胜在现场”“以诚信态度做人”等口号。

三角牌电饭煲说明书：

本产品属于“名门之秀”，来自湛江，出自德国全自动电饭煲生产线，通过了ISO9001：2000国际认证，获得了“国家免检产品”称号。1986年以来，三角牌电饭煲远销世界80多个国家和地区，获得全世界客户的一致好评。

（二）产品广告（第三小组）

1. 红牌集团下属的酒业公司产品“天地1号”（仅举八例）

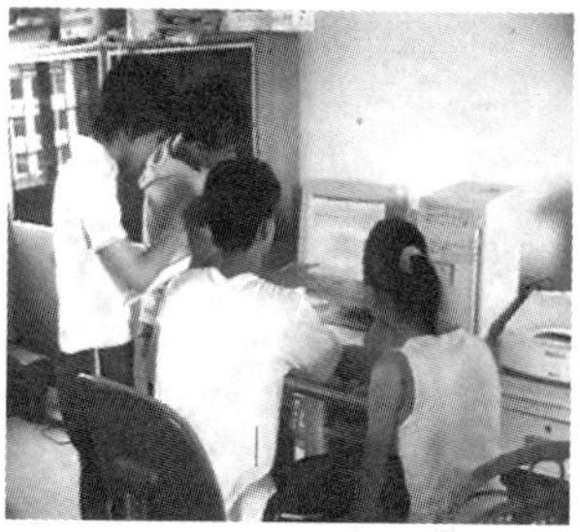

（1）天地走遍，当然喝“天地1号”；

（2）美酒荟萃，“天地1号”；

（3）喝“天地”酒，行天下路；

（4）北国风光，南粤“天地”；

（5）“天地1号”，红牌产品；

（6）要闯就闯天地，要喝就喝1号；

（7）“天地1号”酒，男人的酒；

（8）“天地1号”，喝出来的健康。

2. 红牌集团下属的三角家电公司（仅举八例）

（1）三角家电，叫人想家；

（2）三角家电，从此让女人逍遥的秘密；

（3）三角家电，男人女人之间的第三者；

（4）生活有棱角，家电用三角；

（5）使用三角家电，领跑时代；

（6）世上只有三角好，有三角的孩子幸福享不了；

（7）碧海银沙，家电三角；

（8）三角，稳步迈向世界。

（三）红牌集团董事长访谈（第四小组）

录音、归纳、整合，访谈过程如下：（访谈者：×××等，以下简称“生”；被访谈者：集团董事长叶志中先生，以下简称“叶”。）

生：叶董您好，面对宏大的生产规模和屹立于世界不倒的竞争地位，我们不得不惊叹于红牌集团的成功。请问叶董，产品的竞争力主要体现在什么地方？

叶：我觉得产品的竞争力主要体现在“专业”上。自从我们集团于1974年生产出中国第一台简易电饭煲以来，就很好地向人们诠释了这个词语的含义。1996年引进的德国全自动电饭煲生产线，以其超过99%的自配生产能力，成为全球最大的电饭煲生产区。分工极精细的生产制作、技术熟练的工作人员、先进的生产设施等，无一不说明着我们集团成功的必然性。

生：那是不是意味着只要“专业”，就能成功？

叶：那当然不是。任何一个企业的发展，都离不开创新。创新是一个企业甚至是民族的灵魂。没有创新能力的企业，将很快被社会所淘汰。同样，一个没有创新能力的民族，在世界之林中就谈不上有立足之地。为此，我们集团在创新方面的投资已经远远超过2亿元。

生：近日，我们得知“天地1号”荣获“广东省食品行业名牌产品”称号，作为董事长，您有何感想？

叶：我想，这也是我们集团在成长中凭着自己的实力去打拼的结果，获奖产品之多居全省首位。消费者是我们的上帝，这些荣誉的获得必将激励我们将事业做得更好。

生：您能否告诉我们，一个企业要成功，最关键靠什么？

叶：我觉得最关键还是靠诚信。要做到“高质量、高产量、高科技、低价格”的战略目标，就必须立足于诚信之上。我们集团通过对高质量原材料的筛选，对高科技产品的开发，大搞技术革新，降低能源消耗，真正实施“三高一低”的策略，不断降低生产成本，真正维护消费者的合法权益。另外，我们与国内4000余家大中型超市保持紧密友好的合作关系；在五大洋拥有600多家良好的合作伙伴，也足以体现了这一点。做企业如此，做人更是如此。

生：您现在已是全国著名的民营企业家，而当初您是以500元起家的。请问叶董，您个人的魅力是什么？

叶：呵呵，谈不上魅力。我觉得一个人要成功，做任何事情，都要敢为人先，要为达到目标而坚持不懈、勇往直前。这里面，我觉得知识与能力最重要。同学们现在正是学知识的黄金时期，要好好珍惜现在，刻苦学习，为今后的发展打下最坚实的基础。

生：谢谢叶董！

（四）红牌产品的消费调查（第五小组）

1. 调查问卷：（部分）

亲爱的朋友，你们好，下面有几个问题，请你看完后如实回答（单项选择题），不必写您的名字，我们只想了解每个人的真实想法，以保证调查的可靠性，谢谢您的合作！

湛江一中语文综合性活动小组

（1）您的家庭月收入？（单位：元）

A. 500—1000　B. 1000—2000　C. 2000—5000　D. 5000以上

（2）您的职业是

A. 工人　B. 农民　C. 干部

D. 个体户　E. 无业

（3）您的月支出大约为（单位：元）

A. 100—500　B. 500——1000　C. 1000—2000　D. 2000元以上

（4）您的家庭每月购买食品主要是什么品牌？

A. 外国品牌　B. 红牌产品　C. 其他国内产品　D. 不知道

（5）您一般购买什么类型的电器？

A. 进口货　B. 国内名牌　C. 红牌集团的电器　D. 不知道

（6）您对红牌集团的消费产品知道多少？

A. 一种　B. 二种　C. 三种　D. 三种以上

（7）您对红牌产品的售后服务满意度如何？

A. 相当满意　B. 满意　C. 不满意　D. 没有使用过

（8）您对“红牌”产品有何建议？

____

谢谢合作！

2. 调查结论：

（1）不同职业不同收入的湛江家庭大多消费了红牌产品；

（2）红牌产品系列中的拳头产品备受青睐，消费者关注本地区的产品；

（3）红牌产品的区位优势明显，消费者对此信心十足，抱有巨大期待。

（五）尝试到红牌集团应聘（第六小组）

1. 提交个人应聘申请。（举例）

尊敬的红牌集团人事部经理：

您好，我是湛江市第一高级中学的在校学生×××，我的理想是将来做一名企业家，现在我正在学习科学文化知识，但深感实践能力的缺乏。贵集团公司是广东省的知名品牌企业，在企业内部生产管理、企业文化氛围的营造、企业用人等方面都具有独创性。我非常期望能够在暑假期间来贵集团打工，学习贵集团在生产经营中的实践经验。我知道，贵公司作为湛江地区的龙头企业，一直坚持扶植和培养本地区的优秀人才，我不敢妄论自己是否是一个人才，但我相信自己最终一定会实现自己企业家的梦想。因此，我诚挚地期待贵集团能够给我一个学习、实践的机会！如果能够答应面试，请打电话137×××××42，或者写信至湛江市第一中学高二级X班×××收，邮政编码：524038。

祝工作顺利！

×××

3月28日

2. 面试应聘。

录音、归纳、整合，应聘过程如下：（应聘者：×××等，以下简称“生”；人事部经理：刘先生，以下简称“刘”。）

生：刘先生，您好！上次给贵集团写了应聘申请，谢谢你们给我这样一个面试的机会。

刘：不用谢，是你的理想和你对理想的执着让我们感到你应该有这样一个机会。作为一名中学生，利用假期自觉进行社会实践是需要勇气的。我想问你，你想在我们集团做一个什么样的员工？

生：我从网上了解了贵集团员工的一般的人格品质，包括“专业、创新、求实、诚信”等品质，这些都是我愿意在实践中加以锻炼或检验的。

刘：如果我们愿意招聘你，你最愿意进我们集团的哪一个部门？

生：我愿意从最艰苦的部门开始做起，因为任何一个艰苦的部门都能锻炼人的意志，而做企业，就要有一种坚持力和意志力。

刘：如果最艰苦的部门是你最不擅长的，你还会坚持吗？

生：呵呵（不好意思的样子），我当然也相信，贵集团的人力部门会将各种人才调配到他最适合的岗位上去，实现人力资源的最佳分配的！

刘：你说到我们集团来打工，那你满了18周岁吗？

生：今年暑假刚好满了18周岁。

刘：假如我们集团招聘了你，你希望有什么样的工资标准？

生：我只要基本的生活费用，如果贵集团能够以公正的工资标准来执行，我愿意将多余的经费用来购买贵集团最能够促进人成长的相关资料。

刘：你的回答我非常满意，请你回去后静候佳音。

活动小结

本次语文实践活动，学生以参与者和实践者的双重身份积极融入到对红牌集团的全方面了解中。红牌企业集团的生产和销售理念，使学生初步体会到：知识与科技在生产中的作用越来越大，创新和竞争是立足社会的根本，社会这个大熔炉需要的是高素质的人才。他们因此多了一次了解社会经济的机会。

在整个实践活动中，我们紧紧以增强语文元素为重要目标，将富有特色的企业文化作为关注、学习的重点。围绕本次实践的目标，我们采用实地调查来写产品说明，或者通过其他途径来写产品说明，在自主合作、探究中提升了学生对短小说明文的写作能力；我们围绕红牌集团的拳头产品，拟写广告词，提升了学生广告的写作能力；我们围绕人物进行访谈，符合访谈的一般写作要求，达到了访谈的目的；还围绕消费者进行了调查问卷，提升了学生对资源与信息的整合能力；最后还进行了招聘的尝试，拟写应聘申请，提高了应用文体的写作能力，在面试过程中，学生的表达与交流，尤其是口语交际得到了充分的锻炼。同时，在参与各项活动的过程中，学生也充分接触了当地的企业文化，包括产品的文化意蕴。应该说，这是一次语文味非常浓烈的综合性实践活动。

第六节　班会活动特色教学：《红志的战场》 教学实录

这是一节富有班级文化特色的班会课，是地域文化教学的微缩与拓展。虽然内容是面向期末考试进行的复习备考动员，但立足点在于充分挖掘班级文化内涵，形成师生体认的心理同构。在本节课上，充分调动班级赋文——《十一赋》，班级命名——红志班，班级理念——“我很重要”，班歌——《红志的战场》，班徽——鹰图案，借助这些资源，巧妙结合关于“鹰”的视频资料，将班徽的内涵升华，同时起到了很好的班级复习备考的动员作用。

教学重点：期末复习备考

教学难点：融注班级文化

教学过程：

课前，由本班学生×××等领诵、全班同学参与进行诗朗诵《十一赋》。制作与诗朗诵相配合的视频《创新十一》。《十一赋》是本班学生×××创作的。视频《创新十一》，主要包括本班军训、运动会、班级文化建设、学习、生活等方面的内容。

师：同学们的朗诵让我想起了风华正茂的高中时代。想到了我们的班级名称——红志班，想到了我们的班歌——《红志的战场》，想到了我们的班级理念——“我很重要”。（展示 ppt），这恰好成了我们这次进行期末备考动员的主题。之前我们开了很多说文解字的班会课，比如“静”字，“富”字，“家”字，“赢”字，同学们由字形产生联想，结合我们红志班的实际，对很多事物有了全新的认识。胡老师今天又给大家带来了一个字，那就是“鹰”字（板书），大家想想，“鹰”，让你联想到了些什么呢？

生 1：鹰，让我产生了展翅翱翔的感觉。

生 2：鹰，让我联想到勇气、胆量、志存高远。

生 3：鹰，让我联想到了搏击，奋斗。

师：大家说得都很好。能不能结合我们红志班的实际谈谈。

生 1：我们要像雄鹰一样傲视群雄。

生 2：天地之大，我们具有雄鹰的高度和速度。

生 3：我联想到了我们的班徽，记得班徽上面的主打图画就是雄鹰。

师：是的，我们的班徽上面有雄鹰。（ppt 展示班徽）

师：大家知道，我们的班徽是×××同学设计的，我想请×××同学谈谈对班徽设计的一些基本理念。

×××：谢谢老师。我当初设计班徽，主打图形就是一直展翅的雄鹰，因为在我看来，十一班就是一个展翅翱翔、傲视群雄的象征，下面一个“V”字，代表成功，也是数字“11”底部的连接，因为只有大家团结一心，才能获得最终的成功。(掌声)

师：是的，雄鹰只有展翅翱翔，才能达到生命的广度和宽度。可是大家是否知道，鹰自身必须经历蜕变，才能无惧无畏。我们先看一段视频，大家想想，鹰要完成哪些蜕变，才能重新焕发生命的光彩?

(学生看视频4分钟。视频大意：鹰的生命年龄有70岁，但是到它们40岁的时候，它的爪子因为年龄而不再锋利，它的喙不再有力，它的羽毛太多太厚已经阻碍了飞翔。这时候，鹰要么等死要么选择在悬崖边筑巢，连续5个月不吃不喝，先将自己的喙在岩石上磨掉，将自己的爪子啄掉，将自己的羽毛拔掉，然后等待长出新的。5个月后，一只新的雄鹰重新翱翔在蓝天，它有全新的喙、爪子、羽毛，这样它可以再有尊严地活30年。)

师：同学们，看完了这个视频，你有什么感想呢?

生1：我一直以为雄鹰具有天生的本领，今天才知道，雄鹰原来也有自己的涅槃。

生2：雄鹰的蜕变，是将自己身上陈旧的、无用的、阻碍自己前进的不利因素去掉之后产生的，给我的启发很大。

师：是的。其实人何尝不是这样呢？每个人到一定阶段，如果不及时更新自己，就可能面临被淘汰的风险。比如，进入高中是我们人生的另一个起点，此时我们就要善于发现初中阶段自己身上的陈旧的、无用的、阻碍自己前进的因素，及时的更新自己。比如现在我们临近期末了，我们就要从上一次阶段考中发现自己的不利因素，及时地像雄鹰一样更新自己。(掌声)

师：大家分学习小组交流一下，我们各自在上一次阶段考中出现了哪些制约因素。

(学生交流，2分钟后发言。)

生1：还是习惯性偷懒，高中阶段的高节奏，要马上适应。

生2：有时摆脱不了电视、电脑的诱惑，在家里学习的自觉性不够。

生3：心态不太好，临考时就容易失眠。

生 4：觉得自己前段时间的学习计划不够确实，学习动力不够强。

生 5：参加社团活动太多，课余几乎没有更多的时间来加强、巩固。

生 6：觉得自己总是粗心大意，心理比较浮躁。

……

师：大家说了这么多，（出示相关 ppt），这也正是同学们在上一阶段小结中提出来的，我们应该像雄鹰一样，认识到这些制约自身前进的因素，认识是前提。雄鹰要获得成功，要“赢”，根据我们上节班会课的分析，应该——

生（齐）：第一，少说多做；第二，在平常的日子里淘金。（展示 ppt）

师：是的，少说多做，行动才是最好的证明。雄鹰之所以能成为雄鹰，关键在于它自身的行动。而卓有成效的行动，是需要勇气、需要动力的。你打算怎么做呢？

生 1：制定好的计划。

生 2：利用更多的课余时间。

生 3：上课专注，作业认真。

生 4：落实书本，重视基础。

生 5：搞好纠错，不懂就问。

生 6：及时复习，加强课外训练。

……

师：同学们能够迅速找到自身的短板并有行动的目标，胡老师相信这是上一次阶段考留给我们最为宝贵的财富。其实，行动要有时效，还要有自身坚强的意志和不竭的动力。学习动力，一方面来自我们对自己人生价值的定位，另一方面，也来自家长、家庭的期望。我们学校上周刚刚开了家长会，我们班的主题是“关注内心，共同成长”，家长们谈到了很多关于同学们内心世界的问题。但同时，家长对大家的学业成绩也是非常关注的，（展示 ppt）在这次班会课上，胡老师随机采访了几位家长，请同学们看视频。

（播放视频。视频大意：主要采访三位家长。在谈到对孩子期末考试合理化的期待时，三位家长不约而同地谈到了对孩子期末成绩更上层楼的期待。）

师：同学们，家长的期待是我们学习动力的重要源泉。我们的身后，有一双双满含期待的眼睛。我们不能辜负了自己，也不能辜负了家人的期望啊。（掌声）当然，我们 11 班作为年级的创新班，也是我们三中未来的希望，学校给予了我们很多宝贵的资源，同时也对大家抱有很高的期待。下面我们掌声有请校长发言。

（热烈掌声）

校长：谢谢胡老师，咱们高一（11）班也叫红志班，今天班会的主题是“红志的战场——‘我很重要’”，是非常有班级个性、班级文化特色的班会。同学们，你们是年级的佼佼者，也曾经是中考的佼佼者。你们录进了三中的创新班，我们学校给你们配备了精良的师资，提供了力所能及的支持。在我们11班，班级文化气息浓厚，正是我们提高学习质量的优良场所。同学们，生活中我们会遇到很多战场，比如还有4个星期我们就要迎接市里的统考了，在这个战场上，我希望同学们真的像雄鹰一样，傲视群雄，用自己的实际行动证明，你们是最好的，这就是红志班的战场。（热烈掌声）

师：同学们，刚才校长代表学校，给我们红志班以殷殷期望，让我们再次以热烈的掌声，感谢校长带给我们的鼓励与信心，我们坚信，红志班的每个成员，无论在以后的学习还是生活上，都是一只积极、向上、充满自信与自豪的雄鹰！（掌声）

下面，让我们伴随激情的音乐，再次回到雄鹰的世界。

（放视频，4分钟。视频大意：励志短篇——永不放弃之雄鹰翱翔。选取世界各地励志名言，伴随雄鹰翱翔照片，随着激励人心的音乐，带给人内心极大的震撼。）

师：我们红志班，是秉承校友梁启超精神的班集体，“红”“志”的寓意分别取自“红日初升，其道大光”“少年进步则国进步，少年雄于地球则国雄于地球”。我们的“雄鹰”，来自“鹰隼试翼，风尘翕张”；我们生长在木棉华夏，则“奇花初胎，矞矞皇皇”，让我们秉承先师校友的精神，面对即将到来的战场，傲视群雄！谢谢！（热烈掌声）

附：诗朗诵：《十一赋》

（甲）那一天/我们来自不同地方/洗掉身上的尘埃/相聚在这木棉花盛开的殿堂/带给我——荣光和梦想

（乙）今天/我们用自信的目光/怀着对明天的向往/踏上红志班的征程/走向这——年轻的战场

（丙）看啊/军训场上的英气勃发/校运会上的醒狮登场/文化班级的精彩亮相/酝酿着——一场别无选择的辉煌！

（丁）坐在明亮的教室里/那一张张专注的面庞/那一次次骄人的答卷/那一场

场思维的碰撞/引领我们——不断地起航

（甲乙丙丁合）面对风雨的挑战/面对迷人的风光/我们充满前行的力量/《沁园春·十一赋》/是对红志班最深情的歌唱

（班级合）倩月静怡，艳柔若晶，秋棠深处，几度霞似锦。韵绕玉枋，羽披彩绮，鱼泳浅海，万物相欣，芊芊向阳，安知颍水甚清宁。只为君，若复临桥上，紫云冉升。

（甲）若复临桥上/看那紫云冉升/必定打上耀眼的光芒/只因万物相欣/芊芊向阳

（乙）看那秋棠深处/几度霞似锦/放飞你我的梦想/只因羽披彩绮/韵绕玉枋

（丙）红志班啊/我要为你画一幅画/用那春天百花的芳香/用那高山峻峭的巉岩/用那大海翻腾的波浪

（丁）红志班啊/我要为你写一首诗/用那屈原无限的衷肠/用那杜甫沉郁的顿挫/用那李白飘逸的灵光

（甲乙丙丁合）用 54 颗红心/用 54 份真情/将这幅“红志班”的画作上妆/将这首《沁园春》的诗作铭记/到地老——到天荒

（班级合）雄杰志自少年，文谋双全，勇越书海。惜青春方好，鸿鹏振羽；致远千里，蛟龙潜江。鲸波万丈，苦作帆舟。誓立宏志健国民，从此启，敏慧如吾等，势必称雄。

（甲乙丙丁合）蛟龙潜江方可致远千里/苦作帆舟何惧鲸波万丈

（全班合）从此启/敏慧如吾等/势必称雄

第八章　地域文化教学的思考及延伸

第一节　教育者的文化视野

作为一名教育工作者，一个文化人，应该清楚目前文化在学科教育层面的现状，应该具备相应的文化视野。早在5年前，笔者曾面对地域文化逐渐走向“陌生”的状况，给学生写过一篇“下水”作文，现摘录于此，以飨大家。

面对地域文化的“陌生”

“知蜘叫，荔枝红。阿妈带我睇龙船。睇龙船，执船头。返来做龙船饭，食了龙船饭，快长又快大。”听着这熟悉的儿歌，突然觉得那些与我们有一衣带水关联的本土文化正渐行渐远；粤语童谣的淡出视线抑或归于陌生，却不经意间像针尖一样刺痛了我们生命最初的神经。难道，成长就一定要以漠视本土文化为代价吗？难道将本土文化陌生化是种必然的选择吗？

诗人动情地说，最远的距离，不是相隔千里万里，而是我在你身边，你却视而不见。由熟悉变为陌生最为可怕，也最为心痛。在个人的成长中，心底的漠然制造了很多可怕的陌生！记得广佛地铁通车后，有句广告语让人心颤——“老街坊，过来叹叹茶”——我们父辈们“叹早茶”“听粤剧”“做粤菜”……一句“过来叹叹茶”，一下子激起了我们心底久蓄的温热。可是我们年轻的中学生呢？大多早已不进茶楼了，甚至觉得吃本地东西也太显“老土”了，热衷的是“星巴克”“日韩料理”“西餐厅”，对本土文化的视而不见，“见之却厌”的现象，凸显了人与文化间的巨大陌生感，从血浓于水的最初文化滋养到长大后的形同陌路，此景此情，怎不令人心痛？

大作家冯骥才也说，在社会发展过程中，请别制造陌生。冯骥才先生是本土文化的保护者，他深切地认识到本土文化对民众的意义，于是奔走呼告。是的，如果广州没有了骑楼和粤语；江浙没有了桨声灯影和茉莉花；天津没有了“狗不理”和“泥人张”；北京没有了“老胡同”与“四合院”；西藏没有了“酥油茶”与“经幡”；云南没有了“葫芦丝”和“孔雀舞”……而有的只是在“景区”、在节假日里“作秀”式的表演，或者以“标本”的样式供人参观；有的只是模式化的高楼大厦与高速公路，那么，这种因为社会发展而人为“制造”出的陌生，是不是对民众进行着强制的“文化断奶”呢？而这，恰恰是对区域文化精神抑或是民族文化精神的漠视与背叛啊！

在个人与社会成长的过程中，因对本土文化的漠视，由漠视而制造的巨大陌生感，的确令人心头隐隐作痛，但是痛定思过，过而能改，善莫大焉！当前，中央提出“文化治国”的理念，广东也提出“幸福广东”的口号，而任何成长，任何幸福，都应以“陌生”转化为“熟悉”为前提，一个人如此，一个国家亦如此！

犹记得广州亚运会开幕式上那首令人心醉的粤语童谣——《水浸街》——落雨大，水浸街，阿哥担柴上街卖。阿嫂出街着花鞋，花鞋花袜花腰带。这种陌生而熟悉的天籁之音直击每个人的心灵；而那个点火仪式，着“童子装”的小孩点燃“中华鞭炮”的大胆设计，从此也将广州、中华的本土文化温情地点燃！

珍视文化本源，变陌生为熟悉，化隐痛为虔诚——请将业已陌生的本土文化，点燃成绚烂的生命火炬！

这篇文章的最后一段，是笔者对地域文化发出的源自内心的倡议！笔者认为，作为一名教育工作者，应该关注文化，尤其是地域文化。

一、教育者应该关注文化

一方水土一方人；一方人，一方文化。文化是一种精神、思维、行动，是一方人在长期的生活过程中淘洗出来的精神、气质及其在历史中沉淀的特定的风情民俗。文化无影无形而又无处不在。作为教育者，当我们面临社会的变革、文化的冲淡甚至断层，面对我们的教育对象囿于唯分数论和文凭论，我们的教育目标是否显得功利或短视呢？中华五千年的文化名片、区域文化与生俱来的磁性滋养、校园文化的精神洗礼、学科文化的无形熏陶、班级文化的耳濡目染、师生之间的文化引领，仿佛一夜之间成为奢谈。作为一个文化人而远离文化，我们是不是缺少了某种担当？

地域文化就在我们身边，与之血脉相贯的是源远流长的中华文化。我们在思考，有没有一种可能，通过我们的努力，将学生转变为文化学生，将教师转变为本真意义上的文化教师，将校园转变为万千学子的精神家园，从而将教育的视点落在文化的巨型磁场上？能否由关注鲜活的文化生态，进而形成时尚的文化前瞻；由接纳灵性的文化体验，进而培育深刻的文化认知；由品味丰美的文化语言，进而塑造唯美的文化人格；由触摸浑厚的文化底蕴，进而打造丰沛的文化精神？我们能不能打造校园独特的文化气场，进而高扬文化大旗，自觉彰显文化意识，最终推进教育的文化化呢？

作为一名教师，我们的教学可不可以基于这种考虑：学生文化意识和文化良知是否达成，文化精神和文化责任是否设定？在教学中，教师的教学思想、教学设计、教学行为、教学过程以及教学效果可否围绕文化内容的传递、文化精神的培养、文化人格的塑造来展开，在具有一定文化内涵、文化情怀、文化思辨的基础上，直击最短教学？作为一名班主任，我们的育人工作可不可以基于这种考虑：班级建设和精神凝聚能否关涉文化，能否打造独特的文化个性或文化因子，能否以文化为突破口在育人中提升思维品质？具体操作中，在班级命名、班徽、班歌、班旗、班级理念、班级口号、班服、班貌、班级 QQ 群、班级网页、班级宿舍、班级家长会、班级论坛、班级留言本、班级走廊、班级桌凳等管理上体现集中的、富有个性的班级文化特质呢？作为一名领导者，我们的校园建设可不可以基于这样一种考虑：学校的历史源流和本区域的文化特质是否有契合点，学校的文化积淀和发展目标最集中的文化内因是什么？能否提炼到最有文化底蕴的学校校训、管理理念，进而牵一发而动全身，在整个校园的建设管理上体现鲜明的文化气场，进而形成别具特色的学府校园？

文化的本质是精神，教育的核心是灵魂。灵魂是需要精神养育的，而教师的特色是文化，学校的文化才是品牌。我们现在接触到的地域文化——岭南文化，它包括“敢为天下先”的广府文化，崇尚传统、团结互助的客家文化，勤劳拼搏、爱国爱乡的侨乡文化，它善于吸收外来文化的开放风气，具有努力超越传统导向的进取精神，同时具有实利重商的文化倾向。在文化教学和文化管理中，我们当然可以辐射到中华文化，在科学文化知识的传递中，结合本学科的知识，进行有形或无形的渗透，则必然产生奇特的文化效应。

教育者关注文化，可以提升学生对写作的认识。中学生的写作，由于受到应试教育的影响，已经很难发现真知灼见、感知鲜活的文字了；应试教育的作文模式和大量的应试方法，已经让作文内容陷入枯竭的境地。如果让学生从感知本区域文化开始，将文化现象、文化因子、文化精髓融注到自身的作文中，就可有效增强文章的文化底蕴与思想的厚度。

教育者关注文化，可以提升学生学科研究性学习的文化意义。在围绕本地区的文化遗迹、文化现象、文化走向等方面进行研究性学习的过程中，学生再次走访文化、聆听文化、触摸文化，进而感知文化，增强了研究性学习的人文特质和文化底蕴，丰富了研究性学习的文化意义，提升了爱家乡的自豪感。

教育者关注文化，能够增强校本课程的研究力度。地域文化，是学生进行校本课程学习与研究的一个重要方面，它包括的范围可涉及政治、历史、地理、物理、化学、生物等各学科的具体研究。在研究地域文化的过程中，形成的调查报告、科技论文、参观游记等，自然也是文化作文的表现。文化作文与本地文化研究相结合，会自然地推动本地区校本课程的提升与发展。

教育者关注文化，可以营造书香校园。学生读文化书，写文化文，调查采访文化人，搜索荟萃区域性的文化，在校园出墙报，办图片展，办习作廊，聘请本地文化名人到校举办文化讲座，让学校渗透学府气质；学生参与校园文化建设，探寻校友名人，搜索学校的发展历程，对校园的景致风物进行文化关照，对增强学生爱校爱家乡的意识，自有不可磨灭的教育功能。

二、建构广义“文化味”的课堂

教育者要关注文化，关键要从课堂开始，我们认为，应该构建更广义的“文化味”课堂。

而“文化味”课堂离不开教学内容的文化味，我们还认为，生动的课堂文化，不仅需要教师的教学智慧，师生双边活动的气场，全新的课堂教学理念与实践，而且教师的教学内容，也应该关涉到学科的文化内蕴，关涉到教学重难点的文化因子，至少，让自身的教学内容具有一定“文化味”。顾名思义，“文化味”是指在教学过程中，在教学内容的设计上，巧妙地关注或关联相应的文化现象、文化因子、文化源流、文化现状等，让学科知识的传授具有一定的文化味道。从某种意义上说，只有教学内容具有一定的“文化味”，再冠之以教学理念，加之以形式的新颖、独到，我们的课堂才真正具有“文化味”！

这是因为，中国的课堂教学有别于外国课堂教学的一个重要的资源，就是学科知识教学的背后，屹立着一个具有5000年灿烂文化的历史古国，那里有商周的礼仪、秦汉的雄心、魏晋的清傲、隋唐的胸襟、宋元的气势、明清的自信。我们构建课堂文化，如果能在区别传统课堂的基础上，立足于教学内容的文化味，净化文化的生态，传承文化的精神，探索文化的轨迹，重建文化的经典，培养文化的意识，拥有文化的良知，肩负文化的责任，养育文化的人格，是不是更具有“文化”的魅力，让“文化味”课堂更具多元的美感？

那么，怎样才能建构广义的“文化味”课堂呢？笔者多年从事文化教学研究，下面就把我所思考整理的东西一一呈现，也算抛砖引玉，以期完善我们的文化味课堂。

一是教师要具备相应的文化素养和文化意识。

实施文化味课堂，教师最好在教学内容上体现“文化味”，“给学生一滴水，老师应该有一桶水”。广义的文化是指一切物质与精神的总和；狭义的文化包括日常“衣食住行”在内的校园文化、本土文化、区域文化和东西方文化。就学科而言，都有与本学科密切相关的科学文化知识、文化源流和文化走向。就中国的教师而言，教学内容是最容易与悠久的古国文化结合起来的，是最能体现一个教师的教学底蕴、个人气质与学养的。如果一位教师能够站在文化的高度，去思考、整合自身的教学内容，那么，无形之中自然会提升教学的高度、深度与广度，让学生在文化视角下审视知识的习得，则必然会增强学生对学科知识学习的认同感，对中国文化的自豪感，进而产生更积极的育人效果。

需要强调的是，教师要具备相应的文化素养，应该系统深入地研究本学科的文化特质，同时，将学习的视野扩大到与之相关的文化现象上来。比如一位数学教师，在讲勾股定理时，可以站在文化古国的角度，讲述中国最早发现这一定理的历史渊源，还可以结合“圆周率”的历史掌故，给学生展示灿烂文化的风韵与神采；如果是一位音乐教师，可以在教学生流行歌曲的同时，讲一讲中国的国粹京剧、岭南的粤剧，尝试着讲一讲京剧大师、粤剧名伶的人生故事，增强学生对音乐与人格的认识，进而增强对本土文化的认同感，形成文化传承的责任感。

教师要具备相应的文化意识，是构建广义“文化味”课堂的“源头活水”。既然“文化”是无处不在的，而“文化味”又具有明显抬升课堂文化底蕴的佳效，那么，在教学内容的整合上，一个充满个性化与文化素养的教师，肯定会在教学内容上“预见”到“文化点”，进而进行更为生动的文化提升，以独具特色的文化课堂来打造更为出色的课堂文化。如果是一位地理老师，也可融注“一方土地一方文化”的理念来展开教学；如果是一位历史老师，当然可以直接切入悠久灿烂的历史文化来进行文化教学……教师尽力让教学内容富有“文化味”，首先体现的是教学的个性化，其次体现的是教师驾驭教材的卓越水平。如此长期坚持，则课堂文化必然独具魅力！

二是教师要善于积极探索“文化味”的教学模式。

如果能在教学内容中积极探寻“文化味”的教学模式，则会“风云际会，双向共生”，产生文化课堂与课堂文化的大风景、大气魄。众所周知，教学模式一旦形成，则必然具有一定的体认性、稳定性，而“文化味”的教学模式一旦形成，教师的个人魅力与教材文本的魅力会同时显现出内蕴美的芬芳，从而实现个性课堂向卓越课堂的转变。深圳特级教师陈少堂先生的代表课《荷花淀》，就是从文化的角度，来深入研究、探讨文本的文化内蕴美的，在当时产生了极大的轰动效应；后来还听过陈老师讲《人民英雄永垂不朽》等课例，觉得其“语文味”更多地关注了“文化味”，具有独特的个人魅力。

对于“文化味”教学模式的探索，在课前或者课后进行与教学内容相关联的文化拓展，不失为好用的模式。比如鲁迅的文章《祝福》，大多数优质课都是从祥林嫂的遭遇来揭示封建礼教的害人本质的，但是如果从“祝福”这一特定的民俗文化背景出发，在祥林嫂的三次“祝福”过程中，以及她在这一民俗文化的挣扎中，得出落后“文化”也能杀人这一观点，就会让人耳目一新！华东师大中文系徐中玉教授说，传承民族文化，提高语文素养。如果我们长期进行有模式的“文化味”的教学探索，必定能让卓越的课堂文化更加卓越！

三是教师要善于整合文化资源并长期坚持。

文化味课堂的形成，对一位老师的教材资源整合能力、身边教学资源的搜集处理能力，都提出了更高的要求，并且，这种要求不是短期的，而是常相伴随的。只有奠定在学科前沿、教学理念前沿的基础上，用行动一以贯之地执行，文化才能在时间的淘洗中显现出夺人的光芒，我们的课堂文化才能因为时间的佐证而真正富有生命力。所以，教师善于整合文化资源并长期坚持，是非常必要的。

教师要善于整合文化资源，是说除了对教材进行文化角度的整合之外，还应该积极搜集、整理身边的其他文化资源。比如学生身边的校园文化、班级文化以及他们生活所在地的地方文化。著名特级教师李镇西，结合独特的班级文化，在语文教学中，巧妙利用文化节日、文化仪式，启发教导学生继承和发扬“感恩、孝敬、有礼”等传统美德，产生了很大的社会反响；再比如前些年有名的“宏志班的故事”，其实就是非常独特的班级文化打造出来的……善于整合身边的文化资源，无疑会增强文化课堂的文化含量。

教师要善于长期坚持实践。“文化”一词本身，就是要具备一定的时间积淀，进而形成物质与精神的总和。先进的理念、别开生面的课堂、教学内容的“文化味”，如果不能经过时间的考验，就不能称之为“文化”，最多只能算作一种“尝试”；文化味课堂的形成，不是一蹴而就的，而是秉持先进的理念、前沿的课堂教学方式、有效的教学内容，进行具有一定时间长度的贯彻，最终具有强大生命力的，不轻易为外在环境以及人的变化而变化的存在，这种存在也是个性化的、卓越的，是轻易学不来的，是具有最佳育人功能的。

如此，我们的教育者方能在文化教育这块领地上有所作为！

第二节　受教者的文化笔触与引领

教育者要关注文化，课堂应该彰显一定的“文化味”；而作为受教者的学生，也应该在不断的习得、感悟文化（尤其是地域文化）的过程中，让笔触更多地沾有“文化味”。

这是因为，狭义的“文化”现象与受教者的成长发生着一衣带水的联系。受教者的吃饭、穿衣、居住、出行，都有文化因子；受教者的节日、盛典、仪式、活动，差不多都存在当地的民风民俗；在大街上，学生可以看见做年例的、舞龙的、踩高跷的、赶庙会的；在剧场里，学生看见有雷剧、粤剧、京剧、皮影戏；打开电视，刘心武正在讲《红楼梦》研究、于丹正在讲《论语》心得、易中天正在讲《三国演义》；翻开报纸，黄山正在筹备文化旅游节、广东的开平碉楼正在申报世界文化遗产、圆明园的“兽首”正在引发争议；登录网络，中西方文化充斥眼球，还有网民自己炮制的种种“网络文化”；受教者背着书包去上学，接受的是校园文化，把书本往课桌上一放，发现还有课桌文化，中途去洗手间，甚至还发现有厕所文化……

将自身的笔头真实地切入文化，就会突然发现，眼前的一朵花，齐白石简单几笔就神形毕现；手中的一支笔，王羲之用其将书法演绎得登峰造极；院子里的一个葫芦，在乐人手中能奏出引人入胜的《月光下的凤尾竹》；一堆泥巴，天津的泥人张可以捏出千变万化……学生自己就惊喜地发现，日常琐事柴米油盐、人生百味酸甜苦辣、情感深处喜怒哀乐，一旦融入这唾手可得的文化因子，受教者本来幼稚的文笔、毫无底色的事件、枯燥乏味的议论、苍白无力的情感，一下子就丰润、灵动、厚实起来了。文化将一个人变得有品位、有气质；文化也让一篇文章变得有底蕴、有厚度了。

受教者的写作，如果能够通过广泛的阅读、广博地撷取、广远地追溯，以较强的文化意识来观照作文，那么，受教者就会在逐步陷入僵化的应试作文的背景下，找寻到一条重新开启文字热情的道路。而这样的作文，也必将让自己笑傲考场。

这仅仅是因为，我们都是文化人。

一、一篇文化作文激活了一个课题

文化已经深入到我们生活的角角落落，这是毋庸置疑的；我们的学生在文化的边缘打转，也是毋庸置疑的；文化的精神含量，对人、事、物的底蕴气质、风格品质的传达，对于作文的升等提高，也是毋庸置疑的。我们先来看下面的例文主体部分，这篇文章是我在广州三中蹲点教研时，指导学生梁海婷写的：

> ……犹记得小时候，从牙牙学语起，外婆总是轻拍着不肯睡觉的我，嘴里轻轻唱着“月光光，照地堂……”。我总伴随这轻柔的歌声入睡，获得一夜好梦。而外公喜欢让我坐到他大腿上，教我唱“拍大髀，唱山歌……”稍大些，和玩伴们一起在大街上奔跑嬉戏，总少不了一起唱童谣：“点指兵兵，点着谁人做大兵，点指贼贼，点着谁人做大贼！”这可是最常提起的童谣了。
>
> 朗朗上口、舒展明快的童谣贯穿了我的童年，烙印在我灵魂深处，难以忘怀。有时我会不自觉想起这些妙趣横生的粤语童谣，这总会勾起我不少快乐的童年回忆。可是在现今不少“00”后中，流传已久的粤语童谣似乎失去了它的魅力。最近看过一则报道，说广州越秀区、海珠区、天河区、番禺区的幼儿园里，小朋友都称从未听过列出的一些广州话童谣，只有两三成小朋

友听过一些经典童谣句段，但也不是个个都能哼得出。一些家长表示，小朋友在幼儿园学的都是普通话儿歌或英文儿歌，“几乎没听他唱过广州话的儿歌”。

我于是在想，我们是不是过分“靠”着主流文化，却把粤语文化教育忽视了。那一首首带着温暖色调的熟悉韵律，难道就这样被淹没然后慢慢消亡吗？我认为，幼儿园大可把粤语童谣这类极具“广府特色”的文化编入乡土教材和排入教学内容中，在进行正规教育的同时莫忘粤语童谣的传授。

当我从林林总总的应试作文中发现这篇文章时，突然有种难言的欣慰，我找到梁海婷，向她询问这篇考场作文的构思来由。梁海婷告诉我，写这篇文章，主要是因为她妈妈教幼儿音乐，并且自己也喜欢。自己平时上网，也十分留意粤语童谣。我听后又高兴又难过，高兴的是毕竟有一批学生从小就接触了“琴曲书画”之类的艺术培优；难过的是有多少人能像梁海婷一样不带功利的浸染呢？如果这篇文章是优秀的，那么，它至少告诉了我三条有用的信息：一是中学生不是不可以写出文化味十足的文章，而是可以更有性格地张扬；二是文化并非高深莫测，它就在我们身边，我们实际上在自觉不自觉中体验并感知了文化；三是文化包括显性文化和隐性文化，如果说梁海婷接受的是显性文化的浸染，那么，我们现在要做的是帮助学生进行隐性文化的开掘。

这样说来，进行文化的引领就显得特别必要了。“引领”的实质是帮助学生发现，进而确立一种文化视角；学生要做的不是僵硬的反哺，而是因“引领”而勾起回忆、联想、生发，进而通过直接或间接的“再体验”，去感知、接纳、内化身边的文化，从而完成文化习得的双向活动。比如：我们在对“美食文化”进行引领时，让学生抓住本地特色的美食，了解它的制作、加工、老百姓的喜爱程度、有什么独特内涵、与本地人的精神性格是否匹配、与本地地理环境是否统一、有没有相关的典故或传说等来展开，学生则可以通过品尝、回忆、联想、调查、采访、网络查询等手段进行“再体验”，从而获得更多的、更充实的文化视界。

通过文化引领、学生们的文化再体验，我们惊喜地发现，学生笔下的文字不再那么干巴乏味，反而笔头饱蘸情感，读着读着老师也随之感动不已。在这种背景下，我们的课题也被激活了。从 2010 年 11 月开始，我们佛山市第三中学语文科组全面实施了“岭南地域文化与中学语文教学”的课堂研究与实践，全科组 30

余位老师、全校3000余学生均参与其中，我们全体师生在中国教育学会总课题组的引领下，分阅读教学与写作教学两个专题组，以课堂为主阵地，将教材、课堂、岭南文化有机融合，经过3年多的坚持与不懈努力，取得了卓然成效：2011年、2012年，学生参加全国中小学生文化作文竞赛，获奖达300余人次，其中全国一等奖10余人次；2011年—2014年，佛山三中的语文高考成绩在禅城区取得领先，多次在市区统考、高考中各项指标位列第一。参与实验的老师在禅城区、佛山市说课比赛中，多人获得一等奖、特等奖。参与课堂教学实践的老师，在广东省教研室举行的高二选修课课堂教学比赛中，获得一等奖；在广东省写作教学课堂案例评比中，获得一等奖。在总课题组举行的全国文化教学大赛中，分获一等奖、特等奖。我校课题组的老师，还多次担任全国文化作文、全国文化教学大赛的主要评委，并代表佛山市第三中学，在湛江开发区、恩平、阳江、重庆江津区、重庆大足、北京清华大学、湖南张家界等地进行课题的展示与专题讲座，受到与会专家、同行及学生的热烈欢迎。而作为最受益的佛山三中，本课题的成果正在向其他学科、其他部门辐射。截至目前，我们陆续结集印刷了富有地域特色的《文化叙事散文》《文化抒情散文》《文化小说》《文化传记》《文化随笔》《文化评论》等近10本作文集子，真是一发而不可收。我们还想调动学生，创作出别具地域文化特色的《诗歌》《文化戏剧》，让这个课题更具有推广价值。

二、构建广义的写作“文化”源流

受教者的文化笔触，有时不一定拘泥于身边的“文化现象”。其实，作为一个教育者，应该积极帮助受教者构建广义的写作“文化”源流。

这是因为，文化的形成不能隔断历史。中学生对古代作品的全领域认知与习得，浸染的就是古典文化，高中语文教材对古典文化的彰显一方面健全了学生的人格与精神，另一方面也给我们的写作教学带来了更直接的源头活水。阅读与写作从来是不可分割的，中学生对古代作品的元认知自然也成了中学生作文的文化根基，而如若将这种古典文化根基置于中学生写作的字里行间，则善莫大焉。比如教材有专门的“古诗文阅读”“名著导读”等单元；在选修系列中，更有专门的“文化论著选读系列”与专题探讨，在文化论著选读方面，开设了《中外文化论著选读》《先秦诸子论著选读》《文化论著专书精读》（包括《〈论语〉选读》《〈孟子〉选读》《〈老子〉选读》《〈庄子〉选读》《〈孙子〉选读》《〈荀子〉选读》《〈人间词话〉选读》《〈歌德谈话录〉选读》）等；在文化问题探究方面，开设了《中华文化寻根》《民俗文化专题》《社区文化专题》等。就其他选修模块来说，开设了《中国古代诗歌散文鉴赏》（包括《中国古代诗词曲鉴赏》《唐诗鉴赏》《宋词鉴赏》《元曲鉴赏》《唐宋散文鉴赏》等）、《先秦诸子散文》《〈论语〉研究》《〈红楼梦〉研究》《〈史记〉导读》《戏剧和小说鉴赏（古代部分）》等，可见，更广义的古典文化从某种程度上意味着教学的重点。

中国古代文化丰繁浩渺，它们能不能写进我们的作文中呢？时至今日，中学生越来越认识到，在自己的作文中很好地将视角汇集到古典文化当中，用自己的认知与情感去生发或挖掘古典文化的巨大张力，这对于用例的典型、内容的充实、材料的丰富、意境的深远，包括对“文句有意蕴”，都有不言自明的佳效。尤其是在散文的写作当中，一些学生高屋建瓴，用自己丰富的文化素养以及驾轻就熟的技法来结构全文，使得文章具有一定的文学底蕴与思想厚度，让老师充分体会到中国灿烂的古典文化对高中生的有益熏陶，甚至看到学生身上难能可贵的人文精神与文学资质。那么，如何在写作教学中进行文化寻根呢？

吸纳古典诗词的灿烂光华。“新课标”认为，古代诗词鉴赏旨在通过诵读，在了解相关的中国古代文化常识的基础上，理解作品的思想内涵，探索作品的丰富意蕴，领悟作品的艺术魅力，从而丰富自己的内心感情世界，培养健康高尚的审美情趣。在不断提高自身文学素养的同时，最终能尝试进行诗歌创作。无疑，课标把诗歌鉴赏教学提升到更高更适用的层次。事实上，通过对教材的学习，中学生接触到了大量的古代诗歌文本，比如选修模块《中国古代诗歌散文鉴赏》，占据了高二下学期将近一半的时间，其用意是非常明显的。其实，在写作教学中充分吸纳古典诗词的灿烂光华，不仅使行文更具意蕴与“文采”，而且可以充分彰显学生的文学潜能，提升学生的炼字炼意能力，进而在更多作文发展等级上获取优势。在写作教学的具体操作中，教师可以引导学生自觉引用、仿用、化用诗歌。引用分为直接引用和间接引用，最为简单；仿用包括相关仿用、相近仿用和相反仿用，恰到好处的仿用必然别开生面，令人眼前一亮；化用包括有形化用和无形化用，将古典诗歌理解通透之后，以“有形”和“无形”的样式配合行文之所需，体现学生参悟诗歌的识见能力。

高举古典人物的精神烛火。在教学中，古典人物层出不穷，精神与思想各异。“新课标”要求中学生能通过多种方式，广泛充分地搜集资料，在对所占有资料的全面解读中，抓住古典人物具有典型意义的事件细节，在准确把握基本事实的基础上，深入领会作品的内涵，分析影响古典人物成长的各种因素，体验人物的命运遭遇和内心世界，把握人物的性格特征，从中获得有益的人生启示，进而形成较为成熟的文化心理和健全的人格，并且最终能够尝试性地进行小说创作。事实也正是如此，这些可圈可点的古典人物，一方面代表的是古典文化的思想精髓与道德范式，另一方面亦是古典文化的重要传承者和推动者。在写作中高举古典人物的精神烛火，无疑会让中学生的作文思想更加深邃，精神更为张扬。在具体的写作操作中，关注古典人物常常有三种情形：其一是直接援引古典人物，为议论抒情张本；其二是创造性的使用古典人物，包括对古典人物所处环境、情节、人物活动作合情合理的虚拟，对人物的生命历程作合情合理的推演，对古典人物的思想与精神进行准确的时代批判等；其三是多元使用古典人物，对古典人物的多元思想或多种古典人物的同种（相近）思想进行深入探究，进而写成文章，使得中学生的写作具备一定的学术价值。自然，这三种情形的难度值是递增的，需要长期的训练。

深谙古典著作的人文情怀。“新课标”在“关于课外读物的建议”中说，中学生应该具有广泛多样的阅读兴趣，努力扩大自己的阅读视野。学会正确、自主地选择阅读材料，读好书，读整本书，丰富自己的精神世界，提高文化品位。一年内课外自读五部以上文学名著及其他读物，总量不少于150万字，这是一个巨大的阅读量。“新课标”同时强调，中学生应该选读古今中外文化论著，特别是一些经典名著，在整体了解论著内容的基础上，选读其中的重点章节，有侧重地进行探究学习，把握论著的主要观点和基本倾向，了解用以支撑观点的关键材料，努力形成自己的思想、行为准则和人文情怀。并在此基础上，联系当代社会生活中的有关问题和中外文化现象，有意识地验证、借鉴、运用所读论著的观点、方法，对感兴趣的社会、历史、文化现象进行理论思考，独立作出自己的价值判断，能通过多种途径，学习对社会文化现象进行剖析。这是一种更高层级的能力要求，譬如诸子百家的思想，传统教材只是遴选了个别篇什加以局部的文言教学，而新教材却以一种全貌的姿态应对中学生。在这种背景下，学生一方面有更多的时间和空间去接触古典著作，另一方面会比以往的学生有更多机会去理清中国古典著作中的人文思想。在写作中，中学生借助阅读古典著作所形成的人文情怀，在作文中呈现如下三种情形：其一是直接借助古典文化著作的人文思想来理解、剖析当前出现的文化现象，增添其作文的文化底蕴；其二是利用多元的人文思想，更全面、更辩证地看待事物，形成更完善的作文观；其三是根据自身的个性和爱好，在深入钻研中形成不同的作文风格，比如韩非子的雄辩、庄子的空灵、老子的自然、孟子的雄辩等，中学生作文风格的不同，正是其志趣、审美逐渐形成的标志。

拓展古典文化的宏阔视野。“新课标”认为，中学生通过古代文化知识的学习，能够窥探和感受中华文化的辉煌多姿和源远流长，以激发爱国主义情怀和文化寻根的兴趣。积累历史文化知识，增强文化底蕴，并融会贯通于语文学习的全过程。关心并学习调查自己身边的文化现象，探求其历史根源和演变轨迹，讨论传统文化对现代社会以及社会发展的影响。比如《中华文化寻根》课程的开设，就可以兼及民族、图腾、神话人物、氏族、婚姻、家庭、姓氏、原始崇拜、宗教、天文、地理、历法、纪时、风俗、艺术、文教、汉字、文献、衣、食、住、行、用等。中学生在学习时，不追求内容上的面面俱到，可以选择若干古代文化专题作为教学的切入点。通过若干专题的学习，激发学生的兴趣，在自主学习中扩大关于古代文化的知识面。而在写作中拓展古典文化的宏阔视野，重在一个“悟”字，需要努力提升学生的思维品质。具体要求如下：一是对相关文化具有一定的习得与知晓面，且具有一定的深度与广度，越具体、越深入越好，这是前提条件；二是要善于体悟身边的文化现象，能够用文字阐释文化现象所包含的文化特征与文化内涵；三是要善于见微知著，在平时的写作中关联民族文化的根脉！

“新课标”语境下的作文教学的文化寻根，应该特别关注文章的文化含量，关注古典文化，真正将笔触沁入到广阔的文化源流中去！

后记：做一个有文化味的语文教师

语文教师越来越具有应试化的价值取向了，这和语文教学的应试不无关系。经常有年轻的语文老师问我：胡老师，到底什么样的语文课才是好的语文课？我说，好的语文课因人因课而异，但是，一个好的语文老师，应该有一定的文化味。

语文教师的文化味，是说语文教师在生活中有一点文化味。平时穿衣打扮，儒雅大方，有那么一两套民族服装；案头，常常摆放一两本先秦诸子、钱锺书或者朱光潜的书，平时翻阅一些对联、诗集或者一些民俗杂刊；有时间，看一些“名家讲堂”“成语故事”，看一看戏剧，听一听歌剧，来一两句京剧；打开电脑，喜欢下载一些诗配画，看一段相声，听几句朗诵，或者，看一点《功夫熊猫》、学一两句粤语，听一首客家民歌，甚至看一看周立波的上海清口。节假日，去感受一下佛家文化，看一看徽商故里，寻访一下江南古代才子的故居，凭吊一下帝王将相，把玩一下葫芦丝和马头琴，品评一下古画或泥人张；和家人在一起，可以做一点本地的美食，有时拉拉二胡吹吹笛子，兴致起时，可以临摹一下齐白石甚至王羲之，独享融融氛围；和同事在一起，聊聊校园的励志对联的音韵平仄，校园掌故的源流虚实，校园文化活动的真味，尝试着给自己的办公桌取一个诗化的名字，甚至给桌面上的盆景赋一首小诗。

语文教师的文化味，是说语文教师在教学中有一点文化味。课前三分钟，不妨让学生读读诗词，写写对联，评评学生身边的文化现象；在课文的讲解中，有时抓住一两个字词，写一写“篆体”，甚至来一点“甲骨文”，追溯一下汉字的源流演变；有时抓住一个词语，查一查《词源》，讲一则关于“词语”的古代故事；有时碰到一种礼仪、一种风俗、一种习惯，可以翻阅一点文献，讲一讲这里面的来龙去脉，讲一讲文化背景；有时，谈到风花雪月，谈到物是人非，谈到喜怒哀乐，谈到一些很有磁性的方块字时，不妨引经据典，来一点课外拓展；在教学对话中，有时让学生用一用成语，说一个工整句，甚至来一点铺排；碰到节日，让学生写写祝福词，写副对联，来则有韵味的手机短信；在作业批改中，不妨结合学生姓名来点鼓励语，给自己设计一个有文化特色的艺术签名；在和学生谈心中，讲讲文学流派，说说志得意满的演讲家和半途潦倒的诗人，说说郭德纲的相声和赵本山的小品，针砭一下热门的文化“穿越”与经典恶搞，多一些文化品位。

文化有点博大精深，而现实教师的生活，却有点支离破碎。教师的幸福很难定义，笔者认为与生活质量、教学质量密切相关。生活要有品位，自然是文化的品位；教学要有品位，自然亦是文化的品位。而品位需要涵养，气质需要养育，文化需要熏陶。“语文”以前称“国文”，是说它最能彰显本土“文化”，传承民族的文化传统。作为语文教师，走进与我们一衣带水的“民族文化”，带领学子在文化的河边取水畅饮，也未尝不是一件赏心乐事，这里面，其实也是一个教师的现实担当。

现实中，很多中学生已经不再对本土文化感兴趣了，大量地把外来文化当做炫耀。手里拿着“爱锋六”，脚上穿着外国名鞋，嘴里吃着肯德基，口里说着“网络热词”，外加一些不中不西的“组合语”，而这些人，恰恰是校园里的“时髦人物”，受人追捧，正潜移默化地影响着其他人。中国文化、本地区域文化、语文的文化传承，在这些孩子的眼里都成了“老土”“丢人”“虚无”的代名词。其实，这里面自有时代的原因，却也有我们语文老师失职的原因。那就是，孩子们很少或者没有感受到“语言文字”的美妙，没有体察到文字的背后，伫立着怎样高贵的灵魂，孩子们很难从应试中感受到中华文化的源远流长，没有从一开始就养成一种崇敬与膜拜的情怀，没有激发起他们对本土文化的认同感与自豪感！

做一个有文化味的语文老师，是一种高标，也是一种现实姿态。至少，观察我们语文教师的生活，学生能够发现，原来，走进丰富的文化世界，生活可以更美的。